El Imperio azteca

Un apasionante recorrido por la historia de los aztecas, a partir del asentamiento en el valle de México

© Copyright 2024

Todos los derechos reservados. Ninguna parte de este libro puede ser reproducida de ninguna forma sin el permiso escrito del autor. Los revisores pueden citar breves pasajes en las reseñas.

Descargo de responsabilidad: Ninguna parte de esta publicación puede ser reproducida o transmitida de ninguna forma o por ningún medio, mecánico o electrónico, incluyendo fotocopias o grabaciones, o por ningún sistema de almacenamiento y recuperación de información, o transmitida por correo electrónico sin permiso escrito del editor.

Si bien se ha hecho todo lo posible por verificar la información proporcionada en esta publicación, ni el autor ni el editor asumen responsabilidad alguna por los errores, omisiones o interpretaciones contrarias al tema aquí tratado.

Este libro es solo para fines de entretenimiento. Las opiniones expresadas son únicamente las del autor y no deben tomarse como instrucciones u órdenes de expertos. El lector es responsable de sus propias acciones.

La adhesión a todas las leyes y regulaciones aplicables, incluyendo las leyes internacionales, federales, estatales y locales que rigen la concesión de licencias profesionales, las prácticas comerciales, la publicidad y todos los demás aspectos de la realización de negocios en los EE. UU., Canadá, Reino Unido o cualquier otra jurisdicción es responsabilidad exclusiva del comprador o del lector.

Ni el autor ni el editor asumen responsabilidad alguna en nombre del comprador o lector de estos materiales. Cualquier desaire percibido de cualquier individuo u organización es puramente involuntario.

Índice

INTRODUCCIÓN 1
PRIMERA SECCIÓN: ANTES DE LOS AZTECAS 6
CAPÍTULO 1: LOS OLMECAS Y LOS EPIOLMECAS 7
CAPÍTULO 2: LOS TOLTECAS 21
CAPÍTULO 3: LOS CHICHIMECAS 34
SECCIÓN SEGUNDA: EL SURGIMIENTO DE LA CIVILIZACIÓN
AZTECA 46
CAPÍTULO 4: ORÍGENES AZTECAS Y EL MÍTICO AZTLÁN 47
CAPÍTULO 5: LOS PRIMEROS ASENTAMIENTOS Y TENOCHTITLAN ... 59
CAPÍTULO 6: LAS CIUDADES-ESTADO AZTECAS 70
CAPÍTULO 7: LA TRIPLE ALIANZA 81
CAPÍTULO 8: GUERRA CON LOS TARASCOS 93
SECCIÓN TERCERA: LA CONQUISTA ESPAÑOLA 106
CAPÍTULO 9: LA LLEGADA DE CORTÉS 107
CAPÍTULO 10: LA MASACRE DE CHOLULA 117
CAPÍTULO 11: LA CAÍDA DE TENOCHTITLAN 129
CAPÍTULO 12: LA FUNDACIÓN DE NUEVA ESPAÑA 139
SECCIÓN CUATRO: ARTE, CULTURA Y LEGADO 151
CAPÍTULO 13: LA RELIGIÓN AZTECA 152
CAPÍTULO 14: ARTESANÍA, COMERCIO Y VIDA SOCIAL 163
CAPÍTULO 15: ARTE AZTECA 174
CAPÍTULO 16: MITOLOGÍA Y COSMOLOGÍA AZTECAS 188

CONCLUSIÓN 199
VEA MÁS LIBROS ESCRITOS POR ENTHRALLING HISTORY 207
BIBLIOGRAFÍA 208

Introducción

¡Lo vieron! Por fin lo vieron. Allí mismo, delante de ellos, había un águila, posada en un cactus, comiéndose una serpiente. La profecía se había cumplido. El «pueblo de Aztlán» había encontrado el lugar donde establecerse tras incontables años de vagar por los yermos páramos.

Corría el año 1325 e. c., casi 200 años antes de que los primeros europeos pisaran las costas de México. Una tribu nómada llamada los *mexicas* construyó su ciudad en una pequeña isla pantanosa, un lugar improbable para lo que se convertiría en la capital de un gran imperio. A partir de unos orígenes poco prometedores, el extraordinario Imperio azteca pronto se formaría y expandiría hasta convertirse en una civilización famosa por sus habilidades militares, su intercambio comercial, su fascinante cultura y sus extensas y sofisticadas actividades agrícolas. Mediante conquistas y alianzas con otras poderosas ciudades-estado, los aztecas desarrollaron un vasto imperio organizado y densamente poblado que abarcaba gran parte del actual México.

Este resumen del Imperio azteca revelará muchos de los cautivadores misterios de esta vasta nación. ¿Qué civilizaciones existían en la zona antes de que los mexicas alcanzaran la supremacía? ¿De dónde procedían los mexicas? ¿Cómo lograron imponerse a otras civilizaciones y formar su extensa red de poder? ¿Cuál era la mitología y la religión de los aztecas y cómo reflejaba su arte su sistema de creencias? ¿En qué se diferenciaba su sistema agrícola y de mercado de las culturas circundantes? ¿Cómo funcionaba su orden social?

Calendario azteca[1]

Esta completa y detallada guía sobre el Imperio azteca responderá a estas preguntas y a muchas otras sobre esta intrigante nación y su cultura. Explicará los rasgos distintivos de este gran imperio, lo que lo hizo excepcional, y cómo la cultura azteca ha tenido un impacto duradero en el mundo moderno. Los lectores conocerán en profundidad quiénes eran los aztecas, no solo lo que hacían, sino cómo vivían, en qué creían y cómo se relacionaban.

Se han escrito muchos libros sobre el Imperio azteca, así que ¿por qué se necesita otro? Los libros existentes tienden a caer en varias categorías: a algunos les falta información obtenida de los hallazgos arqueológicos y estudios académicos más recientes, algunos son áridos, aburridos y excesivamente académicos, algunos se centran solo en un aspecto del Imperio azteca y otros son simplistas y de alcance limitado, dirigidos a un público infantil.

El objetivo de este libro es ofrecer una presentación amplia y bien documentada del Imperio azteca en un formato fácil de entender e interesante que mantenga al lector fascinado y comprometido. Los

---

[1] https://www.needpix.com/photo/892953/aztec-calendar-aztec

aficionados a la historia y quienes simplemente tienen curiosidad por los aztecas apreciarán la profundidad de la información y la perspicacia que se entretejen en esta obra autorizada, acompañada de llamativas ilustraciones que aclaran la narración y dan vida a la cultura azteca y a otras culturas mesoamericanas.

Esta guía se divide en cuatro secciones, empezando por las principales culturas que existieron en la zona antes del Imperio azteca: los olmecas y epiolmecas, los toltecas y los chichimecas. Exploraremos cómo florecieron, por qué eran famosos y quiénes fueron algunos de sus líderes importantes. Consideraremos los factores que llevaron a cada civilización a colapsar, desvanecerse en el olvido o ser asimilada por culturas posteriores.

La segunda parte, El auge de la civilización azteca, se centra en el auge del Imperio azteca, profundizando en los orígenes del pueblo azteca y en cómo se definían a sí mismos. Esta sección explora el misterio del país natal de los aztecas: Aztlán, en la Laguna de la Luna. Indagaremos en las teorías sobre su ubicación y el significado de la palabra *Aztlán*. Investigaremos quiénes eran los mexicas y cómo llegaron a convertirse en la tribu dominante de los aztecas en los primeros asentamientos del valle de México.

El escudo de armas mexicano representa la leyenda mexica-azteca del águila comiéndose una serpiente de cascabel posada en un cactus[2]

¿Y cómo es esa leyenda del águila que se come una serpiente encaramada a un nopal? ¿Qué simboliza y cómo condujo a la fundación

---

[2] https://commons.wikimedia.org/wiki/File:Mexico_coat_of_arms.png

de una capital en medio de un pantano?

Analizaremos los elementos clave del establecimiento de la dinastía azteca, cómo se organizaron y conectaron entre sí las ciudades-estado y cómo controlaron los aztecas a otras ciudades-estado mesoamericanas. Estudiaremos cómo se formó la Triple Alianza y cuál fue su exitosa estrategia de conquista.

La tercera parte, La conquista española, explorará lo que ocurrió cuando llegaron los europeos. ¿Cómo reaccionaron los aztecas cuando avistaron por primera vez en el golfo barcos extraños, como nunca habían visto? ¿Cómo consiguió el conquistador español Hernán Cortés aliarse astutamente con los tlaxcaltecas, rivales de los aztecas? Esta sección indagará en los acontecimientos que llevaron al emperador Moctezuma a ser hecho prisionero en su propio palacio y a la revuelta de los aztecas contra los españoles tras la masacre del Templo Mayor.

En esta sección veremos cómo se desarrolló el enfrentamiento entre dos grandes imperios, antes divididos por un gran océano y desconocidos el uno para el otro. ¿Cómo organizaron los españoles el asedio a Tenochtitlan, la capital azteca? ¿Qué factores llevaron a la caída de la gran ciudad y a la victoria de los invasores españoles? Examinaremos qué ocurrió cuando los españoles tomaron el control, cómo se adaptaron los aztecas y otros pueblos indígenas al dominio español y a un nuevo modo de vida, ya que se los presionó para que abandonaran sus ídolos y se convirtieran (al menos en apariencia) al catolicismo.

La cuarta parte —Arte, cultura y legado— repasa la fascinante cultura azteca y su continuo impacto, empezando por la religión azteca y quiénes eran sus dioses. ¿Se practicaban realmente el sacrificio humano? ¿Cómo eran sus rituales religiosos? También examinaremos cómo funcionaba su sistema de mercado, analizando las relaciones y el comercio de los aztecas con otros pueblos, así como su sistema educativo. ¿Y cómo vivía el pueblo llano? Exploraremos cómo era el matrimonio en la cultura azteca, así como algunos aspectos curiosos de la familia y la vida cotidiana.

¿Sabía que los aztecas tenían un sistema de escritura? Su comunicación escrita era una forma de arte que combinaba pictogramas e ideogramas. El arte era fundamental en la cultura azteca y, en la cuarta parte, exploraremos la impresionante belleza de la arquitectura, las esculturas, los mosaicos, la poesía, la cerámica, la metalistería y el exquisito trabajo de plumas con el que vestían a guerreros, sacerdotes e ídolos. Examinaremos cómo su arte y otros artefactos culturales se vieron influidos por los grupos circundantes y cómo ellos mismos influyeron en la zona que los rodeaba, incluso en el actual México y el resto de Mesoamérica.

Retrocedamos en el tiempo y comencemos a seguir el fascinante recorrido de un pueblo de orígenes misteriosos que construyó una ciudad en un pantano y procedió a desarrollar el vasto e impresionante Imperio azteca.

PRIMERA SECCIÓN: ANTES DE LOS AZTECAS

Capítulo 1: Los olmecas y los epiolmecas

¿Qué tienen en común las pelotas de goma, el chocolate, las cabezas colosales, los *hombres-jaguar* (similar a los hombres lobo, pero jaguar y humano) y una pirámide? Todos ellos eran distintivos culturales de los olmecas, la primera gran civilización o «cultura madre» de Mesoamérica, la región que se extiende desde el centro de México hasta el norte de Costa Rica.

La agricultura formal en América, especialmente el cultivo generalizado del maíz, se remonta al menos al IV milenio a. e. c., avanzando más rápidamente en lo que hoy es México y Guatemala, así como en la región andina de Sudamérica. Entre estas culturas agrícolas, la civilización olmeca surgió hacia 1600 a. e. c. en las pantanosas tierras bajas tropicales cercanas al golfo de México, al sur y al este de la actual Ciudad de México.

El suelo rico y húmedo de esta zona favoreció una agricultura productiva, que proporcionó alimentos a una densa población, y los olmecas establecieron tres asentamientos con vistas al río Coatzacoalcos. Desconocemos el nombre original de los olmecas, pero su principal asentamiento se conoce hoy como San Lorenzo Tenochtitlán, en el actual estado de Veracruz. Para evitar confusiones con otra ciudad mexica-azteca llamada Tenochtitlán, nos referiremos a la ciudad olmeca simplemente como *San Lorenzo*.

Región olmeca[a]

San Lorenzo, un centro ceremonial para las aldeas agrícolas circundantes, fue construido en una meseta artificial de 140 acres, lo que habría exigido el esfuerzo de trabajadores cargando toneladas de relleno de tierra en cestos. Los arqueólogos quedaron asombrados al descubrir un elaborado sistema de drenaje con cisternas de almacenamiento de agua, sofisticado para esta época, incluso en civilizaciones avanzadas del otro lado del globo. El acueducto de San Lorenzo, una obra maestra de la ingeniería, presentaba canales de agua cubiertos formados con basalto, que suministraban agua dulce a los ciudadanos.

Los asentamientos florecieron con el tiempo y, hacia 1200 a. e. c., San Lorenzo estaba en su apogeo. La ciudad propiamente dicha podría haber albergado a 5.000 personas, con una posible población de 13.000 en toda la zona, la primera verdadera ciudad de Mesoamérica. Esta gran población generó una jerarquía, con una clase de élite que gobernaba la ciudad, hábiles artesanos que tallaban minerales semipreciosos, y trabajadores para los proyectos de construcción, así como para los cultivos de maíz, batata, frijoles, calabaza y yuca, el cultivo de árboles de aguacate y cacao. Estos alimentos constituían la dieta básica de los olmecas, junto con el perro domesticado (su principal fuente de proteínas), el pescado y la

---

[a] Madman2001, CC BY-SA 3.0 <http://creativecommons.org/licenses/by-sa/3.0/>, vía Wikimedia Commons https://commons.wikimedia.org/wiki/File:Formative_Era_sites.svg

caza silvestre.

Parte del jade y la obsidiana utilizados en las tallas procedían de lugares tan lejanos como Guatemala, gracias al comercio a través del sistema del río Coatzacoalcos. Debido a su extenso sistema de comercio, los olmecas tenían una influencia cultural en un área más amplia que donde vivían. Se han encontrado artefactos olmecas tan al norte como la actual Ciudad de México y tan al sur como Ciudad de Guatemala. Muchos aspectos de la cultura olmeca también se transmitieron a civilizaciones futuras, como la azteca.

Los arqueólogos descubrieron un palacio en San Lorenzo hecho de paredes y suelos de tierra con un acabado de yeso, coloreado con ocre rojo, hecho del óxido de hierro hematita. Talladas en basalto, columnas de 13 pies sostenían el techo del «palacio rojo». Este palacio habría albergado a la élite gobernante, mientras que los plebeyos vivían en las laderas alrededor de la ciudad en casas de «bahareque»: un armazón de madera (bahareque) cubierto con tierra húmeda o arcilla (embarradura).

La palabra *olmeca* procede de un vocablo azteca que significa «gente del caucho», ¡y por algo se los llamaba así! El árbol del caucho de Panamá es originario de las zonas tropicales de México y América Central. Los olmecas recolectaban la savia de este árbol y la mezclaban con la de las vides de la gloria de la mañana para hacerla flexible y poder utilizarla para formar objetos. Presionaban la savia de caucho alrededor de piedras y hacían pelotas de goma. ¡Sí! Pelotas de goma para juegos de pelota. Los olmecas inventaron las primeras pelotas de goma.

También se han encontrado pelotas de goma en fosas de sacrificio olmecas, lo que indica que podrían haber sido sacrificadas a deidades. También es posible que las utilizaran debajo de objetos pesados, para hacerlos rodar de un lugar a otro, ya que los olmecas también eran conocidos por sus enormes estatuillas de piedra que habrían necesitado ser transportadas de algún modo.

Altar de La Venta[4]

Alrededor del año 900 a. e. c., la ciudad de San Lorenzo decayó por razones desconocidas, pero lo más probable es que se debiera a que los ríos de la zona cambiaron de curso durante ese periodo. La ciudad habría dependido de los ríos para el comercio y para el transporte de basalto desde las montañas. Por la misma época, surgió otra ciudad como centro de la cultura olmeca. La Venta, asentada alrededor del 1200 a. e. c., tenía unos 300 años cuando San Lorenzo declinó. Se convirtió en la ciudad más importante de los olmecas y siguió siéndolo durante 500 años.

La Venta se encontraba en lo que hoy es el estado mexicano de Tabasco, a unos quince kilómetros del golfo de México y en el río Palma, afluente del río Tonalá. La ciudad se construyó en una isla en medio de un pantano (un tema recurrente de las culturas de la zona), lo que pudo haberle proporcionado protección natural. La población de La Venta creció hasta unos 20.000 habitantes, aproximadamente el doble que la de San Lorenzo.

El examen arqueológico revela varias secciones distintas dentro de la ciudad de La Venta, con un complejo de templos en el extremo norte del

---

[4] Ruben Charles, (http://www.rubencharles.com), CC BY 2.0
<https://creativecommons.org/licenses/by/2.0>, vía Wikimedia Commons
https://commons.wikimedia.org/wiki/File:Altar_4_La_Venta_(Ruben_Charles).jpg

yacimiento y una gran pirámide justo al sur del templo. Curiosamente, la ciudad está alineada 8 grados al oeste del norte, con lados este y oeste casi idénticos. Esta ciudad se planificó muy bien.

Se pensaba que la pirámide de La Venta era la primera pirámide conocida de América. Sin embargo, ahora sabemos que la civilización Caral de Perú construyó pirámides 100 años antes que las pirámides egipcias y más de 1.000 años antes que la pirámide de La Venta. ¿Podrían los peruanos haber influido de algún modo en la cultura olmeca? Los expertos creen que existía un sistema de comercio en balsa, que se extendía desde Perú hasta México, unos 1000 años después de los olmecas. Creen que así fue como las civilizaciones de México adoptaron repentinamente la metalurgia alrededor del año 800 e. c. Existe la posibilidad de que el comercio en balsa existiera mucho antes, en la época olmeca, o al menos que hubiera algún viajero ocasional entre ambas zonas. Independientemente de dónde obtuvieran la idea, la pirámide de La Venta marcó el comienzo de una tendencia de construcción de pirámides en toda Mesoamérica por parte de varias civilizaciones posteriores a la olmeca.

Pirámide de La Venta[5]

---

[5] https://commons.wikimedia.org/wiki/File:La_Venta_Pir%C3%A1mide_cara_poniente.jpg

¿Qué aspecto tenía la pirámide de La Venta? Era rectangular, con escalones a los costados que subían hasta la cima. Hoy en día, incluso después de miles de años de erosión, tiene 112 pies (34 metros) de altura. En su construcción se emplearon unos 100.000 metros cúbicos de arcilla. Como otras pirámides americanas, se construyó con arcilla compactada y revestimiento de piedra.

El arte fue un sello distintivo de la cultura olmeca. Los olmecas realizaron tallas excepcionales en jade (utilizando jadeíta en lugar del jade nefrita utilizado en China). Estas tallas representaban lo que se cree que eran criaturas sobrenaturales, como el mitológico hombre-jaguar, mitad humano y mitad jaguar.

Cabeza colosal olmeca[6]

Una asombrosa forma de arte distintiva de los olmecas eran las cabezas colosales. Estas sobrecogedoras tallas se han encontrado sobre todo en San Lorenzo, con algunas en La Venta y un par en otros asentamientos. Estas cabezas eran gigantescas, ¡de hasta 3 metros de altura! Pesaban varias toneladas y fueron talladas en enormes rocas de basalto volcánico del cerro Cintepec, en las montañas de los Tuxtlas, a más de ochenta kilómetros de distancia. Otra fuente de basalto utilizada en las colosales cabezas fue el volcán de San Martín.

---

[6] https://pixabay.com/sv/photos/olmec-chef-tabasco-rean-mexico-619120/

¿Cómo trasladaron los olmecas estas enormes piedras a lo largo de tantos kilómetros? El misterioso transporte de estas enormes cabezas talladas es alucinante. Tendrían que haber sido arrastradas, tal vez sobre una plataforma rodada sobre pelotas de goma. Podrían haber sido transportadas en balsa por el sistema fluvial, pero eso habría requerido habilidades excepcionales para hacer flotar un objeto de tantas toneladas. Se habrían necesitado más de 1.000 hombres, trabajando durante meses, para llevarlas a su destino.

Las pruebas arqueológicas indican que las cabezas colosales estaban cubiertas de yeso pintado con colores brillantes. Cada cabeza es diferente, y sus rostros presentan labios carnosos, narices anchas y ojos almendrados, algunos con un pliegue epicántico (común en asiáticos y polinesios). Algunas personas creen que su aspecto es africano, o quizás asiático o polinesio.

¿Este era el aspecto de los olmecas? ¿Cuáles fueron los orígenes de los olmecas? Algunos sostienen la teoría de que los olmecas eran originarios de África, pero los estudios de ADN realizados sobre dos restos olmecas indican que tenían ADN compatible con las poblaciones indígenas de América. No se ha encontrado ningún vínculo específico de ADN entre los olmecas y Polinesia o África.

Curiosamente, un estudio de ADN publicado en *Nature* en julio de 2020 vincula a los antiguos zenúes, que vivían en la parte caribeña del país, con la Isla de Pascua y Fatu Hiva (en Polinesia). Los investigadores creen que esto ocurrió alrededor del año 1200 e. c., es decir, mucho después de la civilización olmeca, pero hace volar la imaginación. Quizá futuros hallazgos arqueológicos y estudios de ADN nos digan algo más.

Dado que las cabezas colosales se encuentran tanto en La Venta como en San Lorenzo, sabemos que la producción de estas enormes tallas continuó durante varios siglos. ¿Qué representaban? Quizá cada cabeza fuera la de un gobernante olmeca. Las cabezas están talladas con algún tipo de tocado, como un casco, lo que sugiere una asociación con el ejército. Otros especulan que las colosales cabezas representan a atletas de los juegos con pelotas de goma que llevaban cascos.

Los olmecas no solo inventaron las pelotas de goma, sino que también eran conocidos por los juegos de pelota jugados por dos equipos con la pelota de goma en un foso hundido. El objetivo aparente del juego era llevar la pelota al otro extremo de la cancha sin usar las manos (como el fútbol moderno). Las representaciones en tallas olmecas indican que se usaba equipo de protección, incluidos cascos. El juego era probablemente una forma antigua del juego de pelota *Ulama*, también jugado por las civilizaciones azteca y maya, y todavía jugado hoy en Mesoamérica. En el Ulama, la pelota se golpea con la cadera, la parte superior del muslo o el antebrazo. En Mesoamérica se han encontrado unos 2.000 campos de pelota antiguos.

Figurilla olmeca que presenta a un niño (que parece ser un hombre-jaguar)[7]

Poco se sabe sobre la religión y los mitos de los olmecas, aparte de lo que se puede deducir de los artefactos. El sacrificio forma parte de casi todas las culturas, y los olmecas lo practicaban. Las tallas olmecas de una persona «presentando» a un bebé inerte o a un niño pequeño apuntan al sacrificio de niños; esqueletos parciales y completos de bebés (encontrados en lo que se cree que son fosas de sacrificio) parecen confirmar esta práctica. Otros objetos de las fosas sugieren sacrificios de joyas de metal, pelotas de goma, grano, productos agrícolas y ganado. Se

---

[7] Madman2001, CC BY 3.0 <https://creativecommons.org/licenses/by/3.0>, vía Wikimedia Commons https://commons.wikimedia.org/wiki/File:Olmec_Figurine_holding_infant_(Met).jpg

cree que la sangría, común en las culturas mesoamericanas posteriores, formaba parte del sistema de sacrificios, en el que se utilizaban púas de raya y dientes de tiburón reales y de cerámica.

Los gobernantes, sacerdotes y chamanes olmecas probablemente participaban en la dirección de las actividades religiosas. Tenían un dios jaguar, junto con otros seres sobrenaturales a los que rendían culto. Los hombres-jaguar formaban parte de la mitología antigua de los mesoamericanos, incluidos los olmecas. Los jaguares reales estaban en la cima de la cadena alimenticia y tenían una amplia área de cobertura en la antigüedad. El hombre-jaguar era probablemente una deidad olmeca que representaba la supremacía y la fuerza. Las figuras tenían ojos almendrados, la cabeza hendida y la boca abierta hacia abajo en una especie de mueca.

Escultura de un hombre-jaguar del Museo de Antropología de Xalapa, Vera Cruz, México[8]

---

[8] https://en.wikipedia.org/wiki/Werejaguar#/media/File:Jaguarbaby.jpg

La imagen de un hombre-jaguar se representa a veces como un bebé en brazos de un hombre, posiblemente una práctica chamánica para aprovechar el feroz poder del jaguar o posiblemente la descendencia mitológica de un jaguar apareado con un humano. Los artefactos olmecas incluyen máscaras de jade de un jaguar, que suelen encontrarse en santuarios, cementerios y templos, y que obviamente tienen un significado espiritual importante.

Otras deidades a las que los olmecas rendían culto eran el dragón o monstruo de tierra, representado en su arte con colmillos, cejas de fuego y lengua partida. Las tallas muestran una deidad del maíz, con maíz creciendo de su cabeza hendida. Los olmecas pueden haber tenido un espíritu de la lluvia, y las tallas en cuencos muestran lo que puede ser una especie de dios de ojos anillados. Una serpiente emplumada, una deidad común en muchas religiones mesoamericanas, se encontró en una estela tallada y en una pintura rupestre. Por último, parece que los olmecas tenían una deidad pez o tiburón.

Hallazgos arqueológicos recientes muestran que los olmecas desarrollaron un sistema de escritura primitivo. A finales de la década de 1990, unos obreros que construían una carretera en lo que fue el corazón olmeca descubrieron un bloque de piedra entre un montón de escombros de excavadora, que también incluía figurillas de arcilla que databan del periodo olmeca de San Lorenzo. En el bloque hay 62 glifos, o símbolos elementales, que se asemejan al maíz, la piña, los peces y los insectos, así como glifos más abstractos. Los símbolos son horizontales, mientras que otras formas de escritura o protoescritura mesoamericana eran todas verticales, como la antigua escritura china.

Esta losa, con sus símbolos tallados, generó mucha controversia. Algunos investigadores la consideraron una prueba irrefutable de la existencia de un sistema de escritura primitivo en la cultura olmeca. Otros opinaban que la losa no era tan antigua como se creía o que los símbolos no eran un tipo de escritura.

En 1997 y 1998, en un yacimiento arqueológico a cinco kilómetros al norte de La Venta, se descubrieron tres artefactos que también parecen apuntar a un sistema de escritura olmeca. Databan de alrededor del 650 a. e. c., cuando la civilización olmeca de La Venta estaba activa. Uno de ellos era un sello cilíndrico que, al desplegarse, mostraba un pájaro «hablando» palabras (o glifos). Se encontraron dos fragmentos de una placa que contenían cada uno un glifo similar a los utilizados en culturas mesoamericanas posteriores.

Pasemos ahora a lo que muchos podríamos considerar el aspecto más interesante de la cultura olmeca: ¡el chocolate! Un artículo en la edición de mayo de 2011 de *Proceedings of the National Academy of Sciences* informó sobre 156 tiestos recogidos en una excavación arqueológica en San Lorenzo. Los residuos de los cuencos, tazas y botellas se analizaron en la Universidad de California. Las pruebas revelaron que el 17% de los tiestos contenían residuos de teobromina, un alcaloide químico que se encuentra principalmente en la planta del cacao. ¡Los olmecas bebían chocolate! Así pues, los olmecas no solo inventaron las pelotas de goma, sino que también podemos agradecerles que descubrieran cómo fabricar chocolate a partir de granos de cacao.

Como ya se ha señalado, la cultura olmeca surgió en la zona de San Lorenzo alrededor del 1600 a. e. c. En el año 900 a. e. c., San Lorenzo decayó abruptamente y la ciudad olmeca de La Venta adquirió importancia como centro cultural o capital. La Venta se desarrolló y dominó hasta alrededor del 400 a. e. c., cuando también fue evacuada y abandonada repentinamente. Durante los siguientes 2.000 años, la mitad oriental del territorio olmeca estuvo escasamente habitada. Un gran segmento de los olmecas parecía haberse extinguido repentinamente.

Estela 19 de La Venta, la primera representación conocida de la Serpiente Emplumada en Mesoamérica[9]

---

[9] Audrey and George Delange
https://commons.wikimedia.org/wiki/File:La_Venta_Stele_19_(Delange).jpg

¿Cuál fue la causa de su extinción? Los arqueólogos creen que su despoblación se debió a cambios bruscos y graves en el medio ambiente, hasta el punto de que la zona ya no podía mantener una población densa que requería una inmensa producción agrícola y un buen sistema fluvial para el comercio y el transporte.

Ya hemos especulado sobre los cambios en los cursos fluviales que probablemente causaron el declive de San Lorenzo. ¿Qué pasó en La Venta? La agitación y los cambios tectónicos podrían haber provocado terremotos y erupciones volcánicas en la zona, así como una mayor alteración del sistema fluvial del que dependían los olmecas. México se asienta sobre tres de las mayores placas tectónicas de la Tierra, y los terremotos son frecuentes. El suelo blando del pantanoso corazón olmeca habría amplificado los efectos de los temblores.

México es el cuarto país del mundo con mayor riesgo de erupción volcánica. El volcán San Martín estaba cerca de La Venta y entró en erupción en 1796. El volcán El Chichón tampoco estaba lejos y sigue activo, entró en erupción por última vez en 1981. Los olmecas vivían en las tierras bajas pantanosas; aunque un volcán no esté en erupción, puede liberar dióxido de carbono letal, que puede acumularse en las zonas bajas, matando a humanos, animales y plantas.

Los epiolmecas

Un siglo después del abrupto declive de la cultura olmeca, una nueva cultura la sucedió. Nos referimos a ellos como epiolmecas: «epi», que significa «posterior» o «después». Como ya se ha mencionado, la parte oriental del corazón olmeca se convirtió prácticamente en un páramo. Sin embargo, dos ciudades, Tres Zapotes y Cerro de la Mesas, adquirieron importancia en la parte occidental de lo que fue el corazón olmeca.

La cultura epiolmeca perduró durante unos 550 años, desde el 300 a. e. c. hasta el 250 e. c., y parecía ser una transformación gradual de la cultura olmeca, más que una cultura completamente nueva que ganara el dominio. Aunque no eran tan grandes ni estaban tan organizados como los olmecas, los epiolmecas desarrollaron un calendario y un sistema de escritura sofisticados. Sin embargo, su sistema de comercio no igualaba al olmeca y su arte carecía del refinamiento olmeca.

Estela 1 de La Mojarra que muestra al "Señor de la Montaña Cosechadora", 156 e. c.[10]

Varios artefactos hallados en la región epiolmeca muestran un sistema de escritura conocido como escritura ístmica, que puede haber descendido de los glifos olmecas. En 1986 se desenterró *la estela de La Mojarra*, ¡un descubrimiento extremadamente importante! Este monumento tallado data del año 156 e. c. y contiene 535 glifos. En el lado derecho de la piedra hay una talla de un hombre que lleva un elaborado tocado con una deidad ave de pico ganchudo y tiburones. Esto, junto con

---

[10] *Del Museo de Antropología de Xalapa, Vera Cruz, México.* https://en.wikipedia.org/wiki/Epi-Olmec_culture#/media/File:Harvestermountainlord.jpg

su capa de plumas, indica que se trata de un gobernante, deidad o sacerdote. Sobre él hay doce columnas de glifos, y a su derecha otras ocho columnas de glifos.

En 1997, dos lingüistas, John Justeson y Terrence Kaufman, publicaron un artículo en el que afirmaban haber descifrado la escritura. Informaron de que el hombre es el «señor de la montaña recolector» y que los escritos hablan de un eclipse solar y de apariciones de Venus, de cómo el señor de la montaña llegó al poder, de sus guerras, de su propio derramamiento de sangre y del sacrificio de su cuñado. Algunos arqueólogos cuestionan esta traducción.

La piedra también contenía dos fechas del calendario mesoamericano Cuenta Larga, que corresponden a los meses y años de mayo de 143 e. c. y julio de 156 e. c. El calendario de Cuenta Larga era un sistema que surgió en la época epiolmeca y se encontró en zonas influenciadas por las culturas olmecas. Medía el tiempo calculando el número de días a partir de lo que ellos consideraban su fecha de creación, que habría sido el 3114 a. e. c. en nuestro calendario.

Anteriormente, en 1902, la Estatuilla de Tuxtla fue descubierta por un campesino en las estribaciones de las montañas de los Tuxtlas. La estatuilla tiene forma de hombre con boca de pato y alas. En ella están tallados 75 glifos (conocidos como escritura ístmica y correspondientes a la Estela de La Mojarra) y una fecha del calendario de Cuenta Larga que corresponde al año 162 e. c.

El artefacto más antiguo de los epiolmecas, que contiene anotaciones calendáricas y glifos, fue la Estela C. La mitad inferior de este monumento se descubrió en 1939 en el yacimiento arqueológico de Tres Zapotes (y la ubicación de una de las dos principales ciudades de los epiolmecas), y la mitad superior se encontró en 1969. En este monumento se grabó una fecha del calendario de Cuenta Larga que corresponde al 3 de septiembre del año 32 a. e. c. En la parte posterior de la estela había glifos tallados en escritura ístmica epiolmeca.

Tenemos la suerte de contar con estos atisbos de la cultura epiolmeca. La vida cotidiana y los hogares de la gente común no parecen haber cambiado mucho en la transición de la cultura olmeca a la epiolmeca. Los epiolmecas no parecen haber tenido la jerarquía centralizada de los olmecas. Hacia el año 250 e. c., su cultura dio paso a la cultura clásica de Veracruz, situada un poco más al norte, en la costa del golfo.

Capítulo 2: Los toltecas

El reino tolteca, conocido por sus legendarios escultores y artistas, así como por sus feroces conquistadores guerreros, siguió a los olmecas como una gran civilización mesoamericana que prosperó entre los años 600 y 1200 e. c. Los toltecas eran tristemente célebres por practicar regularmente el sacrificio humano de adultos y niños, y recoger sus cráneos en un potro en su plaza ceremonial. Difundían con celo el culto a Quetzalcóatl, la deidad serpiente emplumada de Mesoamérica y el nombre que adoptó su emperador más querido. Los mexica-aztecas veneraban mucho a los toltecas, coleccionaban sus esculturas y otras reliquias de la ciudad abandonada de los toltecas y afirmaban descender de la realeza tolteca.

¿Cuáles eran los orígenes de estos guerreros y artistas? Se cree que descendían de un pueblo salvaje y nómada, llamado tolteca-chichimeca, de los desiertos del noroeste de México y quizá del sur de California. En el siglo IX, algunos de estos pueblos emigraron hacia el sur, hacia el valle de México: la zona que abarca la actual Ciudad de México y hacia el este, hasta el golfo de México. En su periplo, los toltecas recogieron influencias culturales de los olmecas, los mayas y, sobre todo, de los teotihuacanos.

Pirámide B de Tula[11]

Según la tradición oral y pictográfica de los aztecas, algunos de estos nómadas se asentaron en Tlachicatzin, en el territorio del pueblo hue-tlapallan, que los llamó *tolteca*, que significa artesano o arquitecto, por su renombre como artesanos y artistas. Liderados por dos jefes, Chalcaltzin y Tlacamihtzin, los toltecas se rebelaron contra sus amos en 544 e. c. Los toltecas lucharon durante trece años, perdieron la guerra y fueron exiliados.

Los exiliados viajaron a Tlasiculiacan, donde se reunieron con parte de su clan que había huido anteriormente de Tlachicatzin. Juntos siguieron adelante y llegaron a un lugar llamado Tlapallanconco, donde vivieron durante tres años. Pero temían estar tan cerca de los hue-tlapallan, por lo que su consejo de jefes decidió emigrar más lejos.

Su sacerdote astrólogo, Huematzin (el hombre de la mano larga), anunció una profecía sobre una tierra deshabitada en el este donde podrían vivir. Al oír esto, los toltecas dejaron parte de su clan en Tlapallanconco, y el resto emigraría al este. Hicieron un voto solemne de que se abstendrían de tener relaciones sexuales durante la migración, para

---

[11] Leandro Neumann Ciuffo de Rio de Janeiro, Brasil, CC BY 2.0
<https://creativecommons.org/licenses/by/2.0>, vía Wikimedia Commons
https://en.wikipedia.org/wiki/Toltec#/media/File:Piramide_tolteca_de_Tula_(1).jpg

poder viajar sin las complicaciones de los embarazos y los niños pequeños.

Marcharon hacia el este y llegaron a Xalisco (Jalisco), donde vivieron ocho años. Dejando allí a parte de su gente, emigraron al ateneo de Chimalhuacán. En este punto, decidieron que ya habían pasado suficiente tiempo sin tener relaciones sexuales, así que celebraron una fiesta conyugal, disfrutaron de las relaciones con sus esposas y, finalmente, empezaron a tener hijos de nuevo. Construyeron barcos y se asentaron en las islas de la zona, y más tarde vivieron todos juntos en un gran edificio de madera en un lugar llamado Tulancingo. Finalmente, en el año 648 e. c., tras 104 años de vida nómada, se trasladaron al que sería su hogar definitivo, al que llamaron Tollan (Tula), que literalmente significa lugar de los juncos, indicando abundancia.

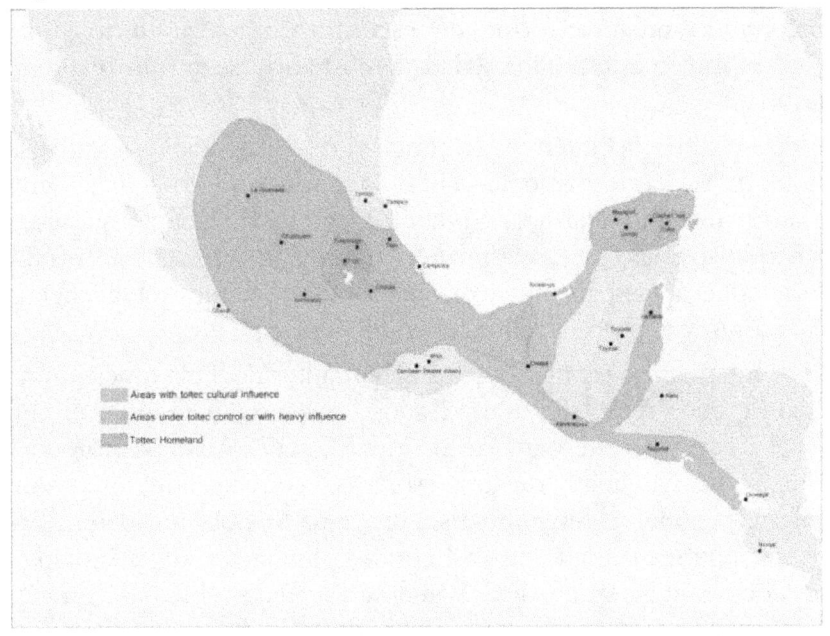

Mapa de la influencia tolteca[12]

El centro tolteca de Tula se encontraba en la región inmediatamente noroccidental de la actual Ciudad de México. La extensión de los artefactos e influencias arquitectónicas toltecas se extendía desde el océano Pacífico hasta el golfo de México. Además, un número significativo de toltecas emigró a la península de Yucatán en varias

---

[12] Mabarlabin, CC BY-SA 3.0 <https://creativecommons.org/licenses/by-sa/3.0>, vía Wikimedia Commons https://commons.wikimedia.org/wiki/File:Toltec_influence_cities_marked1.jpg

oleadas, donde influyeron en la cultura maya.

Ixtlilcuechahua fue uno de los primeros reyes toltecas, hijo de Chalchiuhtlanetzin, el jefe que fundó Tula. Ixtlilcuechahua se convirtió en rey en el año 771 e. c., alrededor de los 37 años. Recibió un legado de sabiduría y buen juicio de su padre y fue muy querido por sus súbditos. Su mayor tarea fue convertir a su pueblo, antaño nómada, en una sociedad civilizada.

Ixtlilcuechahua gobernó bajo la guía de Huematzin, el sacerdote-profeta que había acompañado a los toltecas en sus travesías. Los aztecas decían que Huematzin relató los viajes de los toltecas en el *Teoamoxtli* (Libro de los Dioses), que también contenía las leyes, la astrología, la división del tiempo, los ritos sagrados y la ciencia del pueblo tolteca. Algunos investigadores cuestionan la existencia de este libro, ya que no se ha encontrado ninguna forma de escritura en los artefactos toltecas. Huematzin murió a la notable edad de 300 años, según un relato azteca posterior.

Ixtlilcuechahua no intentó conquistar territorios vecinos pacíficos. Sin embargo, protegía ferozmente Tula de cualquiera lo suficientemente insensato como para atacar la ciudad y luego se lanzaba a conquistar las ciudades de los atacantes, eliminando futuras amenazas. Esto amplió el territorio tolteca para incluir a otros pueblos y culturas. Ixtlilcuechahua reinó 52 años, y al parecer renunció en 823 e. c.

Curiosamente, las crónicas de los gobernantes de Tula muestran que la mayoría de ellos reinó durante 52 años, lo que coincide con el antiguo ciclo del calendario mesoamericano de 52 años. Algunos historiadores cuestionan la fiabilidad de las crónicas, concluyendo que son de naturaleza legendaria. Sin embargo, un reinado obligatorio de 52 años podría ser una genialidad, algo así como la limitación de mandatos para los presidentes de hoy en día. Ayudaría a evitar problemas como reyes con demencia o gobernantes demasiado débiles para dirigir a sus guerreros en la batalla.

El gobernante tolteca más importante fue el rey-sacerdote Ce Ácatl Topiltzin Quetzalcóatl, que se cree vivió entre 895 y 947 e. c., durante la edad de oro de Tula. No se puede contar la historia de los toltecas sin contar la historia de Quetzalcóatl. Pero antes, debemos mencionar la cultura teotihuacana que floreció al este de Tula y que ejerció una fuerte influencia en la cultura tolteca. Antes de que llegaran los toltecas, los teotihuacanos adoraban a su señor de la Creación, una serpiente emplumada llamada Quetzalcóatl.

La historia del hombre llamado Quetzalcóatl comenzó cuando el rey tolteca Mixcóatl salió un día de caza y se encontró con una mujer desnuda, Chimalma, cuyo nombre significaba *escudo de mano*. Por alguna razón, Mixcóatl comenzó a disparar flechas a Chimalma, pero ella era *escudo de mano*, por lo que desvió las flechas. Esto despertó la admiración de Mixcóatl, que se enamoró de Chimalma y se casó con ella.

Tras tragarse una preciosa piedra de jade, Chimalma quedó embarazada y dio a luz a un hijo. Lo llamaron Ce Ácatl Topilzin, que significa *nuestro príncipe de la caña del año uno*, porque nació en el primer año del ciclo de 52 años del calendario mesoamericano. Chimalma murió en el parto, y Mixcóatl fue asesinado por su propio hermano, dejando huérfano a Ce Ácatl Topiltzin. Fue criado por sus abuelos maternos, que le enseñaron a venerar al dios teotihuacano Quetzalcóatl. El príncipe acabó adoptando el nombre de Quetzalcóatl por admiración a la serpiente emplumada.

Tras vengar la muerte de su padre, Ce Ácatl Topiltzin Quetzalcóatl se convirtió en emperador de los toltecas, aportando nuevos conocimientos, incluidos métodos agrícolas avanzados para el maíz y los granos de cacao (chocolate). Topiltzin Quetzalcóatl gobernó una ciudad ordenada y armoniosa de riqueza y arte sin igual. Durante el reinado de Quetzalcóatl, la ciudad de Tula construyó un nuevo distrito para los principales edificios religiosos y políticos, conocido hoy como *Tula Grande*.

Ce Ácatl Topiltzin Quetzalcóatl
Fragmento de un mural de Diego Rivera en el Palacio Nacional (Ciudad de México)[13].

---

[13] O.Mustafin, CC0, vía Wikimedia Commons
https://commons.wikimedia.org/wiki/File:Topiltzin.jpg

Quetzalcóatl quiso transformar la sociedad tolteca y prohibió los sacrificios humanos. Amado por su pueblo como un gobernante-sacerdote pacífico, misericordioso y justo, nunca sacrificó humanos, sino solo pájaros, serpientes y mariposas. Emigrantes de varios grupos étnicos empezaron a inundar la ciudad, atraídos quizá por el sabio y benévolo gobernante Quetzalcóatl.

El idílico reinado de Quetzalcóatl terminó cuando Tezcatlipoca, el *dios del humo y los espejos*, lo engañó con un espejo que hizo que Quetzalcóatl pareciera deforme. Tezcatlipoca entonces le dio a Quetzalcóatl una bebida: «¡Trágate esto y volverás a parecer joven y guapo!». Quetzalcóatl invitó a su hermana a beber la «medicina» con él. Sin saberlo, la bebida contenía alucinógenos, y acabaron comportándose de forma vergonzosa. A la mañana siguiente, los encontraron desnudos, tumbados uno junto al otro.

Avergonzado y humillado, Quetzalcóatl abdicó de su sacerdocio y de su corona. Durante el año siguiente, vagó de pueblo en pueblo, tratando de purgar su pecado mediante continuas sangrías. Finalmente, llegó al golfo de México, construyó una pira funeraria y se prendió fuego. La leyenda dice que del fuego salieron volando miles de quetzales. Tras su muerte, descendió al inframundo, donde burló a Mictlantecuhtli, dios de los muertos, y luego ascendió a los cielos para convertirse en Venus, la estrella de la mañana.

En una versión diferente y más popular de la historia, Quetzalcóatl navegó mar adentro en una balsa de serpientes, jurando que un día regresaría en el *año de una caña*. Esto se refiere al ciclo del calendario de 52 años, que tenía una caña para cada año. Nació en el año de una caña, dejó la tierra 52 años después en un año de una caña, y volvería en otro año de una caña. Quetzalcóatl prometió que volvería al mismo lugar del que partía para derrocar a Tezcatlipoca y restaurar su reino utópico. Cuentan las leyendas que justo cuando su balsa llegaba al horizonte, explotó, y Quetzalcóatl salió disparado hacia el cielo para convertirse en Venus.

Según algunos historiadores, esta versión alternativa desempeñó un papel fundamental cuando, en 1519, el conquistador español Cortés navegó desde el golfo de México. Era un *año de una caña* en el calendario azteca. Según algunos, el rey azteca Moctezuma creyó que Cortés era Quetzalcóatl, que regresaba para reclamar su reino. Sin embargo, como sabremos más adelante, Moctezuma no recibió a Cortés precisamente con los brazos abiertos.

En cualquier caso, una vez Quetzalcóatl hubo desaparecido, el embaucador Tezcatlipoca usurpó la ciudad de Tula, exigiendo sacrificios humanos. La edad de oro se acabó y sobrevino un pronunciado declive del imperio tolteca. Miles de toltecas abandonaron Tula en torno al año 981 e. c., dirigiéndose en su mayoría a la península de Yucatán y a la ciudad de Uxmal.

Es probable que el mito tenga una base real. Cuando los toltecas llegaron a Tula, eran partidarios de una teocracia pacífica dirigida por un rey-sacerdote justo. La leyenda de Quetzalcóatl burlado por Tezcatlipoca probablemente representa un golpe militar real que derrocó la teocracia e instauró una dictadura militar más violenta, ya que los toltecas acabaron siendo famosos por sus brutales conquistas y sacrificios humanos.

Otra tolteca real intrigante fue la emperatriz Xóchitl, que ascendió de campesina al poder. Su padre, Papantzin, inventó el *pulque*, bebida favorita de los mesoamericanos elaborada con el jarabe fermentado del maguey (agave). Su hija Xóchitl llevó un cuenco de pulque como regalo al emperador Tecpancaltzin, que quedó encantado con Xóchitl y disfrutó de la inusual bebida.

Xóchitl con su padre Papantzin ofreciendo pulque al Emperador. (Obregón, 1869)[14]

---

[14] Mabarlabin, CC BY-SA 3.0 <https://creativecommons.org/licenses/by-sa/3.0>, vía Wikimedia Commons https://commons.wikimedia.org/wiki/File:El_descubrimiento_del_pulque_Jos%C3%A9_Mar%C3%ADa_Obreg%C3%B3n.jpg

De vez en cuando, Xóchitl le llevaba al emperador más tazones de pulque, y su encanto lo conquistó. Elevó a Papantzin a la nobleza terrateniente y Xóchitl se convirtió en su concubina. Xóchitl tuvo un hijo llamado Meconetzin, que significa *hijo del maguey*, y se convirtió en príncipe heredero, ya que la primera esposa de Tecpancaltzin, Maxio, solo tuvo hijas. Tras la muerte de Maxio, Xóchitl se convirtió en emperatriz.

Durante el reinado de Tecpancaltzin estalló una guerra civil étnico-religiosa entre los nonoalcas, en su mayoría adoradores de Quetzalcóatl, y los chichimecas, que adoraban a su archirrival Tezcatlipoca. El conflicto se centró en el sacrificio humano, que Quetzalcóatl había prohibido, pero que los seguidores de Tezcatlipoca creían intrínseco para mantener contentos a los dioses.

Cuando estalló la guerra, Xóchitl llamó a sus compañeras a la batalla, liderando un batallón enteramente femenino. Tanto Xóchitl como su marido murieron en el campo de batalla, y la batalla se perdió. La mayoría de los seguidores del culto de Quetzalcóatl huyeron a Yucatán, donde fueron acogidos por los miembros de su clan, descendientes de los que habían emigrado de Tula tras la abdicación de Quetzalcóatl.

Chac mool[15]

Los toltecas eran conocidos por sus bellas tallas y obras de arte. Un ejemplo intrigante, distintivo de la cultura tolteca, son las figurillas de

---
[15] Gary Todd, CC0, vía Wikimedia Commons
https://commons.wikimedia.org/wiki/File:Toltec_Chac_Mool.jpg

piedra *Chac mool* reclinadas sobre los codos y sosteniendo un cuenco sobre el pecho. Los toltecas fabricaban exquisitas joyas de oro y turquesa, como narigueras, elegantes máscaras de jade y portaestandartes humanos y de jaguar tallados. Crearon finos trabajos en metal e impresionantes elementos arquitectónicos, como columnas serpentiformes y enormes pórticos.

Además de su arte, los toltecas destacaron por la guerra. En la última parte de su civilización, la guerra era esencialmente una religión, y la clase guerrera era vista con honor y distinción. Los guerreros estaban muy bien entrenados y eran feroces y formidables. Los rangos superiores del ejército tolteca, minuciosamente organizado y eficiente, llevaban armaduras rellenas de algodón para desviar lanzas y flechas. Los soldados llevaban a la batalla escudos redondos y espadas. Sus cascos estaban decorados con penachos de quetzal, llevaban narigueras como signo de su nobleza y algunos tenían barba.

Quetzalcóatl, la serpiente emplumada[16]

Los toltecas tenían varias deidades principales. Quetzalcóatl, adorado por muchos otros pueblos mesoamericanos, era considerado el más sabio de todos los seres, creador del universo y dios del viento, el aire y el

---

[16] Cangadoba, CC BY-SA 4.0 <https://creativecommons.org/licenses/by-sa/4.0>, vía Wikimedia Commons. https://commons.wikimedia.org/wiki/File:Quetzalcoatl_isolated.png

aprendizaje. En el arte tolteca, Quetzalcóatl era representado como la serpiente emplumada o como un hombre con barba. La barba de Quetzalcóatl es un tanto curiosa, ya que los hombres barbudos eran poco comunes entre los indígenas mesoamericanos. Quizá los toltecas tenían más vello facial, ya que las tallas y pinturas de guerreros toltecas también muestran a algunos con barba.

Tlaloc era la deidad de las nubes, tanto el benévolo dador de la lluvia como el dios destructor de las tormentas. Estaba casado con Xochiquétzal, la diosa de la belleza, el amor y la juventud. Ella podía ser errática y hacer cosas como seducir a un sacerdote y luego convertirlo en escorpión.

Tezcatlipoca, némesis de Quetzalcóatl, pero a veces considerado su hermano, tenía el apodo de *Espejo Humeante* debido a que engañó a Quetzalcóatl con el espejo mágico. Era el dios de la noche, del tiempo y de la memoria. También era un dios creador.

Cintéotl era el dios del Maíz, el cultivo predominante en Mesoamérica. El maíz fue donado a los humanos por Quetzalcóatl, pero Cintéotl era el encargado de su crecimiento y fertilidad. Poseía la clave del éxito de la agricultura, que enseñó a los humanos.

La plaza ceremonial de Tula contenía templos y pirámides donde se rendía culto a las deidades toltecas, se jugaba a la pelota y se sacrificaban personas. La parcialmente excavada pirámide C, el Templo del Sol, es probablemente un templo de Quetzalcóatl. La pirámide B es el templo de Tlahuizcalpantecuhtli, o Venus, una encarnación de Quetzalcóatl.

Atlantes de la pirámide B de Tula[17]

---

[17] AlejandroLinaresGarcia, CC BY-SA 3.0 <https://creativecommons.org/licenses/by-sa/3.0>, vía Wikimedia Commons https://commons.wikimedia.org/wiki/File:TulaSite81.JPG

Columnas asombrosas, talladas para representar guerreros, son las llamadas *atlantes de Tula*, la arquitectura más dominante asociada con los toltecas. Al igual que los olmecas son conocidos por sus cabezas colosales, los toltecas se definen por las columnas atlantes. Se los llama atlantes porque llevan a su lado el *atlatl*, una herramienta para lanzar lanzas que aprovecha su velocidad. Los atlantes tienen cerca de 4,5 metros de altura y sostenían los techos de las grandes salas de los templos.

El templo tolteca B estaba decorado con tallas que representaban una fila de jaguares, bajo los cuales había tallas de Venus, seguidas de una fila de coyotes, y luego una fila de águilas, cada una devorando un corazón. Estos símbolos representaban los rangos del ejército. Junto al templo de Venus hay pasillos con pilares para ocasiones festivas.

En el complejo de templos de Tula hay dos canchas de pelota. A los toltecas les gustaban los juegos de pelota tanto como a los olmecas. A un lado de uno de los campos de pelota hay una cabaña de sudor, donde los jugadores se purificaban antes y después de los partidos. Por todo el complejo del templo hay bancos con imágenes talladas de la serpiente emplumada sobre una procesión de guerreros. En el centro del complejo del templo hay un pequeño altar, con un estante de calaveras a su lado, otro distintivo tolteca.

Pirámide de Chichén Itzá[18]

La influencia de los emigrantes toltecas en la zona de Yucatán se aprecia claramente en las ruinas de Chichén Itzá. La arqueología sugiere que el pueblo Itzá era tolteca o estaba fuertemente influenciado por el pueblo tolteca. La pirámide de Chichén Itzá es un templo a Quetzalcóatl (Kukulkán) que muestra la influencia tolteca. El templo de los Guerreros de Chichén Itzá es un reflejo del templo B de Tula, con todas sus columnatas y una estatuilla de Chac mool frente a dos imágenes de

---

[18] Daniel Schwen, CC BY-SA 4.0 <https://creativecommons.org/licenses/by-sa/4.0>, vía Wikimedia Commons. https://commons.wikimedia.org/wiki/File:Chichen_Itza_2.jpg

Quetzalcóatl. El campo de juego de pelota más grande de Mesoamérica se encuentra en el complejo de templos de Chichén Itzá, con el estante de cráneos tolteca justo al lado.

La capital tolteca de Tula (Tollan) fue una de las mayores ciudades de la Mesoamérica precolombina, con una población estimada de 85.000 habitantes. Grandes complejos de apartamentos albergaban a la mayor parte de la población urbana, y la élite gobernante vivía en palacios. Distintas secciones separaban a los ciudadanos de diferentes clases. La mayoría de las estructuras eran de piedra recubierta de adobe.

La sociedad de Tula estaba gobernada por una aristocracia de guerreros y sacerdotes. Los apreciados artesanos, que dieron nombre a los toltecas, formaban la clase media, junto con los comerciantes. Tula dependía de la agricultura para alimentar a su gran población, por lo que los agricultores gozaban de derechos y privilegios especiales. Los numerosos inmigrantes probablemente formaban parte de la clase trabajadora. Los relatos hablan de guerreros toltecas que llevaban a los afligidos huastecos y a otros a Tula; los cautivos probablemente se enfrentaban a la esclavitud o, peor aún, al sacrificio humano.

¿Qué hizo que la artística pero belicosa civilización tolteca fuera asimilada por otros reinos y se desvaneciera? Uno de los elementos fue el continuo conflicto interno entre los dos grupos étnicos dominantes: los nonoalcas, adoradores de Quetzalcóatl, y los chichimecas, adoradores de Tezcatlipoca. Una sequía de siete años, de 1070 a 1077 e. c., provocó el colapso del sistema agrícola y la población quedó diezmada por el hambre. Muchos supervivientes emigraron a zonas más fértiles.

En 1115, Tula fue invadida desde el norte por los chichimecas. La guerra duró un año y cada bando sacrificó sus prisioneros de guerra a sus deidades, terminando con la derrota tolteca. Huemac, rey de Tula, huyó con sus ciudadanos, creando una diáspora tolteca por todo México. La mayor parte de Tula fue abandonada y los toltecas que quedaron fueron gobernados por las ciudades-estado de los alrededores.

El *Códice Boturini*, un antiguo manuscrito azteca escrito poco después de la llegada de los españoles, describe la temprana migración del pueblo azteca-mexicano a través de Tula, donde se detuvieron durante veinte años. Esto habría sido alrededor del año 1250 e. c., y para entonces, la mayoría de los toltecas habían abandonado Tula. Los mexicas pasaron veinte años entre los restos de la población, rodeados de la arquitectura y los artefactos toltecas, empapándose de la cultura tolteca que tanto admiraban.

Deseosos de reclamar la descendencia de los toltecas, los mexicas casaron a sus princesas con los nobles toltecas restantes. Los mexicas no solo absorbieron la cultura tolteca durante su estancia en Tula, sino que también se apropiaron de muchas reliquias toltecas, que más tarde aparecieron en sus propias ciudades.

Capítulo 3: Los chichimecas

Hijos del Viento era como se llamaban a sí mismos; al correr o trepar, parecía que estas personas eran llevadas por el viento. Otras culturas los llamaron *chichimecas*, con la idea de *bárbaros*. Así consideraban a estas tribus errantes otras civilizaciones de Mesoamérica: las que habían construido ciudades con templos y palacios majestuosos, además de desarrollar una agricultura avanzada y lenguas escritas. Y, sin embargo, los indómitos chichimecas permanecieron imbatibles ante los invasores españoles, ante los que rápidamente cayeron culturas más civilizadas. Varios grupos tribales chichimecas siguen existiendo hoy en día, hablan sus antiguas lenguas y mantienen elementos de sus culturas primigenias.

Chichimeca es un término que engloba a varios grupos de pueblos nómadas y seminómadas pertenecientes al grupo lingüístico náhuatl, más amplio, que vivían originalmente en los desiertos del norte de México. Aunque se los suele pintar con una brocha gorda, se trataba de culturas individuales formadas por entre siete y diez tribus. Compartían el mismo grupo lingüístico, pero hablaban dialectos distintos, a menudo ininteligibles entre sí. Podríamos pensar en el grupo lingüístico náhuatl como algo parecido al grupo de lenguas romances, con las diferencias entre el español, el italiano, el francés, el rumano y el portugués. Las principales similitudes que compartían las tribus chichimecas eran las duras condiciones de vida de las tierras que habitaban y su estilo de vida nómada.

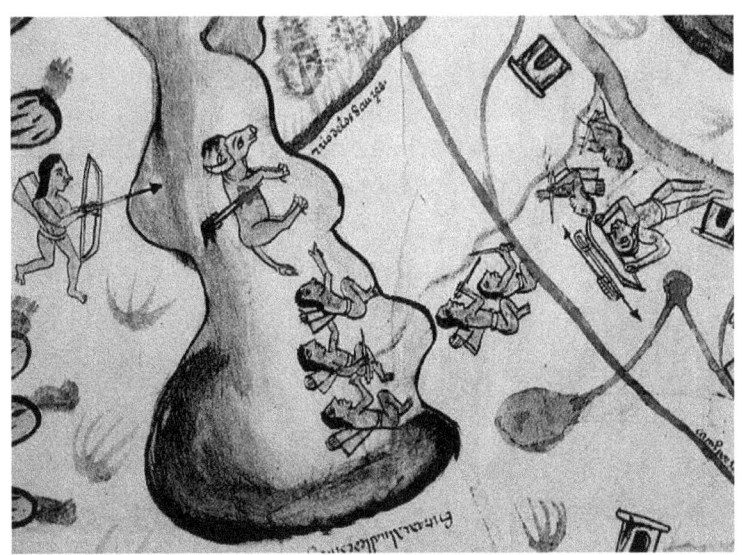

Imágenes de un mapa de 1580 de San Miguel y San Felipe en la región chichimeca
Juan Carlos Fonseca Mata[19]

La mayor parte de lo que sabemos sobre las tribus chichimecas es lo que otras civilizaciones registraron sobre ellas, como los aztecas y, finalmente, los españoles. Los chichimecas no tenían una lengua escrita propia y no construyeron templos ni otras estructuras permanentes que pudieran ser estudiadas posteriormente por los arqueólogos. Su estilo de vida era tan sencillo que casi no dejaron huella histórica, salvo las observaciones de otros y lo que queda de su cultura en las tribus chichimecas remanentes de la actualidad.

La gran civilización tolteca tuvo su origen en una tribu chichimeca, la tolteca-chichimeca, que se desplazó hacia el sur y acabó asentándose y construyendo una gran ciudad. Más oleadas de migraciones chichimecas se infiltraron en sus filas hasta que los toltecas se debatieron en una guerra interna entre las culturas anterior y posterior. Finalmente, atacados por otra tribu chichimeca, los toltecas perdieron la guerra y huyeron de su gran ciudad. Así, podría decirse que los chichimecas dieron origen a los toltecas y más tarde fueron sus verdugos.

Los mexica-aztecas fueron probablemente otra tribu chichimeca. Mientras los olmecas y los toltecas construían grandes templos y

---

[19] Juan Carlos Fonseca Mata, CC BY-SA 4.0 <https://creativecommons.org/licenses/by-sa/4.0>, vía Wikimedia Commons
https://commons.wikimedia.org/wiki/File:Mapa_de_San_Miguel_y_San_Felipe_de_los_Chichimecas_(1580)_-_Chichimecas_2.jpg

pirámides, los mexicas subsistían en las tierras salvajes del norte. Finalmente, emigraron al sur, aprendieron de los toltecas y de otras civilizaciones, desarrollaron su propia lengua escrita y su asombrosa cultura azteca, y se convirtieron en cronistas de las culturas anteriores, así como de sus propios orígenes chichimecas.

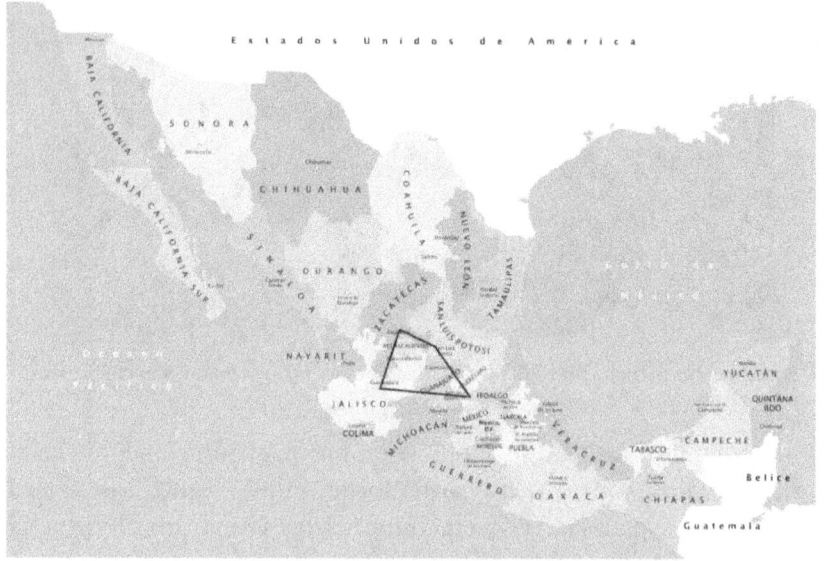

Región del Bajío de México[20]

Como cazadores y recolectores, los chichimecas vagaban por los duros desiertos del norte de México, que se extendían hasta Arizona y California, hasta que algunas de las tribus emigraron en varias oleadas hacia las escarpadas montañas y las zonas áridas del centro de México. Una población considerable de chichimecas se estableció en las tierras bajas del Bajío, en los actuales estados de Aguascalientes, Jalisco, Guanajuato y Querétaro. Su región abarcaba unos 62.000 kilómetros cuadrados. Antes de la invasión española, existían pocos asentamientos permanentes en esta zona.

Hasta que llegaron los españoles, la mayoría de las tribus eran nómadas o seminómadas y vivían en el desierto. Cazaban y recolectaban frutos de cactus, plantas de agave, bayas, raíces y granos de mezquite para alimentarse. Las tribus que vivían en la zona más meridional del amplio territorio chichimeca, la más cercana a la civilización azteca, se dedicaban a una agricultura primitiva, principalmente de calabaza y maíz.

---

[20] Juan Carlos Fonseca Mata, CC BY-SA 4.0 <https://creativecommons.org/licenses/by-sa/4.0>, vía Wikimedia Commons https://commons.wikimedia.org/wiki/File:Baj%C3%ADo_Mx.png

Iban casi siempre desnudos, cubriéndose solo los genitales con pieles de animales o telas tejidas con la planta del maguey. Hasta 60.000 chichimecas vagaban por las llanuras del centro y el norte de México, viviendo en cuevas o refugios temporales, mientras que los más sedentarios vivían en pequeños asentamientos (rancherías). Los chichimecas no construían templos ni tenían ídolos. Eran más animistas y creían en espíritus relacionados con la naturaleza y vinculados a lugares concretos. Sacrificaban plantas y animales a sus deidades, y algunas tribus practicaban el sacrificio humano. Los más cercanos a la región azteca adoptaron algunas de las deidades y prácticas de culto aztecas.

En el siglo XVI, Sahagún, un fraile franciscano, dejó constancia de sus investigaciones etnográficas en el *Códice Florentino*. Informó de que los chichimecas rara vez enfermaban y vivían vidas extraordinariamente largas. Decía que podían correr largas distancias sin cansarse. Sus mujeres daban a luz y se reincorporaban a la actividad del grupo sin hacer ninguna pausa para reposar.

Cuatro de las naciones chichimecas, con gobiernos descentralizados y territorios superpuestos, se convirtieron en una gran molestia para los conquistadores españoles. Estas tribus —los guachichiles, los pames, los guamares y los zacatecos— formaron una vaga alianza para derrotar con éxito los intentos de los españoles de subyugarlos y colonizar sus tierras. Aunque existían otras tribus chichimecas, sabemos más de estas cuatro por los relatos españoles.

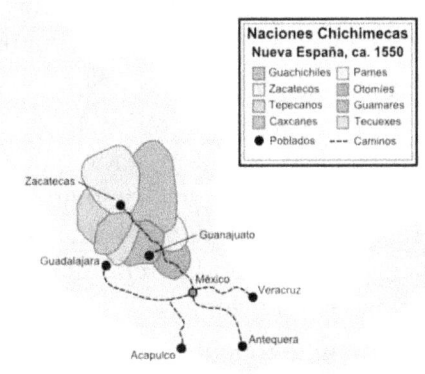

Territorio de las naciones chichimecas[21]

---

[21] Elmer Homero CC BY-SA 3.0 <http://creativecommons.org/licenses/by-sa/3.0/>, vía Wikimedia Commons https://commons.wikimedia.org/wiki/File:ChichimecNations.png

Lo que hoy es la ciudad de San Luis Potosí se encuentra aproximadamente en el centro de la extensa zona por la que deambulaba el grupo tribal de los guachichiles. El mayor de los cuatro grupos, asumió el liderazgo de la Confederación Chichimeca. Su nombre se debe a su afición por el color rojo; teñían de rojo su pelo, su piel y su ropa. Les encantaba arrancar la cabellera a los españoles pelirrojos y secuestrar o comprar mujeres europeas pelirrojas para que fueran sus esposas. Incluso hoy en día, de vez en cuando nace un niño pelirrojo de sus descendientes.

Los guachichiles eran fieros luchadores y expertos cazadores, extremadamente hábiles en el tiro con arco. Los niños aprendían a usar el arco cuando empezaban a caminar. La velocidad, la fuerza y el filo de sus flechas eran increíbles, capaces de atravesar las armaduras metálicas de los españoles. Podían sobrevivir fácilmente en el terreno lleno de cactus que llamaban hogar, sabiendo dónde encontrar comida y agua. Luchaban contra sus rivales con astucia y subterfugios en lugar de ataques directos. Empleaban espías para evaluar los puntos fuertes y débiles de sus adversarios y seguir sus movimientos. Tendían emboscadas a sus enemigos, infundiéndoles miedo saltando de repente con cabezas de animales y pintura roja y aullando y chillando, ¡incluso asustaban a los caballos!

Los pames eran más dóciles que los vecinos guachichiles y más proclives a asimilar la religión y la cultura de las civilizaciones desarrolladas. Eran comerciantes, por lo que les convenía llevarse bien con todo el mundo y aprender los dialectos de quienes los rodeaban. Su capacidad de adaptación les ayudó a sobrevivir en nuestro mundo moderno como una tribu chichimeca cuya cultura perdura hoy en día.

Los pames eran enigmáticos, cumplían exteriormente con el requisito español de vivir agrupados en torno a las misiones y someterse al adoctrinamiento católico mientras adoraban en silencio a sus propias deidades, seguían la guía de sus chamanes y practicaban sus danzas tradicionales. Incluso hoy, los 10.000 habitantes de Santa María Acapulco que hablan la lengua pame son sincretistas: católicos nominales que siguen practicando su religión tradicional.

La tribu guamare se autodenominaba *Hijos del Viento* por su tradición de incinerar a sus muertos y arrojar sus cenizas al viento. Vivían en las montañas de lo que hoy es el estado de Guanajuato y eran astutos, intrépidos y conocidos por traicionar a los demás. Al igual que los guachichiles, les gustaba teñirse el pelo y el cuerpo, a veces de rojo, a veces de blanco u otros colores, según el clan. Se tatuaban el cuerpo y tanto hombres como mujeres llevaban el pelo hasta la cintura.

La cuarta tribu de la Confederación Chichimeca eran los zacatecos, que vivían en los actuales estados de Durango y Zacatecas, donde se solapaban con los guachichiles. Los descendientes de esta tribu aún viven en la zona, pero han abandonado en gran medida su cultura y tradiciones. Antiguamente, algunos eran nómadas, mientras que otros cultivaban maíz. Llevaban espinilleras de piel de animal para protegerse de los arbustos espinosos y los cactus, y a veces calzaban sandalias de cuero.

Miembro de la tribu chichimeca Jonaz

Ketzalkoatl Periodismo Ambiental, CC BY-SA 2.0 <https://creativecommons.org/licenses/by-sa/2.0>, vía Wikimedia Commons https://commons.wikimedia.org/wiki/File:Festival_de_la_Toltekidad2.jpg

Juan Bautista de Pomar, historiador mestizo del siglo XVI, escribió que los zacatecos eran «gráciles, fuertes, robustos e imberbes» y «los mejores arqueros del mundo». Las deidades de los zacatecos eran celestiales: el sol, la luna y varias estrellas. No practicaban sacrificios humanos, sino que rendían culto con flores, hierbas y danzas.

Cuando los españoles llegaron a México, muy al sur de las tierras chichimecas, su primera preocupación fue conquistar a los aztecas, cosa que hicieron dos años después. La mayoría de las demás civilizaciones de México se sometieron rápidamente al dominio español o fueron conquistadas tras unas pocas batallas. El principal interés de los españoles era recolectar y extraer oro y otros minerales preciosos, además de establecer colonias en zonas fértiles.

En un principio, los chichimecas apenas interesaban a los españoles, ya que sus tierras no eran aptas para la agricultura y no tenían nada que los españoles considerasen valioso. En una carta de 1526, Hernán Cortés escribió que los incivilizados chichimecas podrían ser útiles como mano de obra esclava en las minas. Al parecer, los españoles no explotaron esta posible fuente de mano de obra; si lo intentaron, los chichimecas probablemente resultaron demasiado difíciles de domar.

En 1546, los españoles se enteraron de que cerca del territorio zacatecano había minerales ricos en plata. Entusiasmados por este descubrimiento y ansiosos de riqueza rápida, cientos de españoles emigraron al norte, al corazón chichimeca, al que llamaron *La Gran Chichimeca*. Empezaron a excavar minas de plata, a construir caminos y a establecer ciudades. Las tribus chichimecas resintieron esta intrusión en sus tierras sagradas y ancestrales, tomando represalias con guerrillas, atacando las caravanas de mercancías que atravesaban su territorio.

El conflicto en la región del Bajío se convirtió en la guerra Chichimeca (1550-1590), la campaña militar más larga y costosa de la historia del Imperio español en Mesoamérica. Los chichimecas asaltaron y saquearon los asentamientos y las caravanas españolas, y los españoles intentaron derrotarlos con una estrategia de *fuego y sangre*, pero los chichimecas se mostraron imbatibles.

Retrato de danzantes chichimecas jonaz en el Centro Ceremonial, Misión Chichimecas; descendientes directos vivos de los chichimecas[22]

---

[22] Francisco del Valle, CC BY-SA 4.0 <https://creativecommons.org/licenses/by-sa/4.0>, vía Wikimedia Commons
https://commons.wikimedia.org/wiki/File:Centro_Ceremonial_Chichimeca.jpg

Principalmente nómadas, los chichimecas tenían pocos asentamientos que los españoles pudieran atacar, y estaban adaptados al terreno accidentado. Sabían vivir de la tierra, pero los invasores españoles dependían de la ganadería, la agricultura y los suministros importados. Al tender emboscadas a las caravanas españolas y asaltar sus asentamientos, los chichimecas cortaban el suministro de alimentos y armas a los españoles, al tiempo que se enriquecían con el ganado y los bienes españoles. Las cuatro tribus de la Confederación Chichimeca habían unido sus fuerzas para luchar contra los españoles, pero incluso las tribus más distantes acudieron a asaltar a los españoles, atraídas por el botín.

Los chichimecas poseían una arquería legendaria. Sus letales puntas de flecha de obsidiana volcánica, más afiladas que una navaja, penetraban en las cotas de malla de los españoles. Incluso en inferioridad numérica de cuatro a uno, los chichimecas derrotaban a los españoles en la batalla. Antes de atacar una ciudad española, primero enviaban espías para recabar detalles estratégicos y luego robaban sus caballos para frenar a los españoles. Al principio, los chichimecas se comían los caballos que robaban, pero pronto aprendieron a montarlos, lo que los hizo más rápidos en sus continuas incursiones contra los españoles.

Desesperados, los españoles empezaron a construir fuertes, contratar mercenarios y entrenar a sus esclavos indígenas para luchar. Once años después del inicio de la guerra, los chichimecas habían matado a más de 4.000 españoles y sus aliados mesoamericanos. La política española de *fuego y sangre* amenazaba con matar, esclavizar o mutilar a todos los guerreros chichimecas. Sin embargo, los chichimecas dominaron la lucha. La Confederación Chichimeca utilizó su número combinado y sus diversas habilidades para cortar caminos, asaltar ciudades y dañar minas.

España recurrió al tesoro real para financiar fuerzas militares, armas y materiales para los fuertes, pero los chichimecas siguieron atacando con mayor ferocidad, cerrando las minas de plata y destruyendo los caminos reales y todos los fuertes españoles en territorio guachichil. Los españoles no fueron rivales para la Confederación Chichimeca. La guerra de fuego y sangre fue un fracaso y el tesoro real español quedó diezmado. Los españoles estaban desconcertados; habían conquistado a los aztecas con solo 500 o 600 hombres, pero no pudieron conquistar a los chichimecas ni siquiera con miles de soldados.

Mapa de 1580 de las zonas chichimecas de San Miguel y San Felipe
Juan Carlos Fonseca Mata[23]

Algunos clérigos españoles se habían horrorizado por el maltrato de los españoles a las mujeres y niños chichimecas y por los asesinatos o mutilaciones de sus guerreros cautivos. Los clérigos señalaron que la insensibilidad y crueldad españolas habían provocado el conflicto inicial y estaban perpetuando la antipatía de los chichimecas. En 1574, los dominicos declararon que la guerra contra los chichimecas era injusta y que si continuaba la agresión solo se avivaría aún más la hostilidad de los chichimecas y se prolongaría el conflicto. ¿Podría haber una manera diferente, más suave, de lograr la paz con los chichimecas y, al mismo tiempo, permitir a los españoles explotar la tierra?

El obispo de Guadalajara hizo una propuesta en 1584, que llamó «remedio cristiano». En lugar de conquistar o matar a los chichimecas, su

---

[23] Juan Carlos Fonseca Mata, CC BY-SA 4.0 <https://creativecommons.org/licenses/by-sa/4.0>, vía Wikimedia Commons
https://commons.wikimedia.org/wiki/File:Mapa_de_San_Miguel_y_San_Felipe_de_los_Chichimecas_(1580)_-_Chichimecas_1.jpg

plan consistía en cristianizarlos. Sugirió establecer pueblos pacíficos por todo el territorio chichimeca, habitados por indígenas que fueran amistosos con los chichimecas y por sacerdotes que enseñaran la fe católica. Para poner fin al conflicto, el obispo recomendó a los españoles que cambiaran su política para comprar la paz y asimilar suavemente a los chichimecas a la cultura española.

En 1585, Álvaro Manrique de Zúñiga se convirtió en virrey de Nueva España (las colonias españolas de América y las islas del Pacífico). Le gustó la propuesta del obispo y decidió ponerla en práctica. Su primera medida fue retirar a la mayoría de los militares españoles de la zona chichimeca. No estaban resultando eficaces contra los chichimecas, y su presencia le parecía una afrenta para los indígenas, pues provocaban la violencia en lugar de atajarla. Manrique de Zúñiga inició entonces negociaciones con los líderes chichimecas. Prometió el fin de las operaciones militares españolas y ofreció tierras, alimentos, animales de granja, ropa y herramientas a cambio de la paz.

El capitán Miguel Caldera, que era en parte chichimeca, descendiente de españoles y guachichiles, fue un negociador clave en la aplicación del programa de *Compras por la Paz*. Negoció tratados de paz entre los españoles y los grupos tribales. Se enviaron al norte grandes cantidades de alimentos, ropa, bienes, arados, azadas y ganado a los chichimecas para persuadirlos de que pusieran fin a las incursiones. También se les prometió liberarlos de impuestos y servicios forzados.

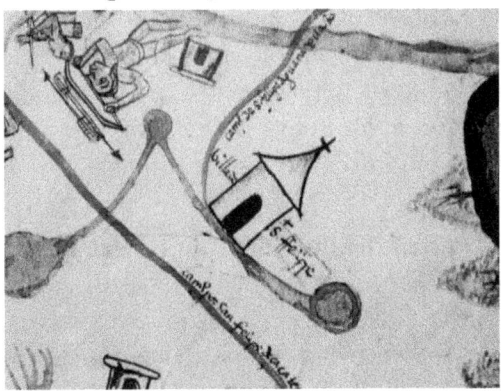

Mapa de finales del siglo XVI que muestra los asentamientos alrededor de la iglesia de una misión. Juan Carlos Fonseca Mata[34]

---

[34] Juan Carlos Fonseca Mata, CC BY-SA 4.0 <https://creativecommons.org/licenses/by-sa/4.0>, vía Wikimedia Commons https://commons.wikimedia.org/wiki/File:San_Felipe,_Guanajuato_-_Mapa_de_San_Miguel_y_San_Felipe_de_los_Chichimecas_(1580).jpg

El siguiente paso fue trasladar a 400 familias de indígenas tlaxcaltecas a la zona para establecer ocho asentamientos. Los tlaxcaltecas eran antiguos aliados de los españoles del sur, que les habían ayudado a derrocar a los aztecas. El plan consistía en que los tlaxcaltecas entablaran amistad con los chichimecas, les enseñaran a cultivar y criar ganado, les sirvieran de ejemplo cristiano y persuadieran suavemente a las tribus chichimecas para que se establecieran en poblados. Los tlaxcaltecas aceptaron instalarse en la zona a cambio de concesiones de tierras, libertad de impuestos, dos años de alimentos y el derecho a portar armas.

Otro paso importante fue poner fin a las redadas de esclavos de los chichimecas arrestando a los culpables (incluidos los soldados españoles). A medida que los chichimecas se iban asentando en aldeas, se enviaron misioneros franciscanos y jesuitas que habían aprendido los dialectos de la tribu para convertirlos al cristianismo. Con el tiempo, más chichimecas abandonaron su estilo de vida nómada para convertirse en agricultores y ganaderos. Poco a poco, los chichimecas se integraron en la sociedad «civilizada» y adoptaron el catolicismo nominal. En 1590, los caminos de la región de Zacatecas eran por fin seguros; tras cuarenta años de guerra, había llegado la paz.

Al fracasar la conquista militar, la nueva política española de paz con los chichimecas se basó en cuatro pilares: 1) negociar tratados de paz proporcionando alimentos y otros bienes y retirando a los soldados y traficantes de esclavos que provocaban a los chichimecas; 2) fomentar la conversión a la fe católica; 3) trasladar aliados indígenas a la región del Bajío para que sirvieran de ejemplo y maestros, y 4) proporcionar los medios (incluido ganado y herramientas) para que los chichimecas se establecieran en poblados. La nueva política logró poner fin a la guerra, y los españoles siguieron utilizando esta estrategia en otras fronteras de Nueva España.

La nueva política española de Compra por Paz funcionó bien para los españoles; reabrieron las minas de plata, viajaron con seguridad por los caminos de Le Grande Chichimeca, y ya no temían a los pueblos tribales. Catorce monasterios se dispersaron por la zona. Sin embargo, para la mayoría de los chichimecas fue el fin de su cultura. Ya no vagaban libres y salvajes, viviendo de lo que la tierra les ofrecía.

Ahora trabajaban en los campos y las minas, junto con los aztecas, los tlaxcaltecas y otros pueblos indígenas con culturas más desarrolladas. Los chichimecas empezaron a absorber esta cultura mestiza, con una mezcla de tradiciones españolas e indígenas, a medida que su propia forma de vida se desvanecía. La mayoría de las tribus perdieron sus lenguas, su estilo de vida y sus tradiciones hasta que prácticamente se extinguieron como cultura. Unos pocos grupos siguieron luchando en la sociedad moderna, pero se han visto obligados a vivir en pequeñas reservas en tierras inhóspitas, lo que dificulta su supervivencia. Los poderosos e indómitos hijos del viento fueron sobornados para que abandonaran su identidad.

SECCIÓN SEGUNDA: EL SURGIMIENTO DE LA CIVILIZACIÓN AZTECA

Capítulo 4: Orígenes aztecas y el mítico Aztlán

Hace unos 850 años, un pueblo nómada vagó por la meseta de las tierras altas del valle de México. Grandes civilizaciones habían surgido y caído en esta zona durante más de mil años: Cuicuilco, sepultada bajo la lava del volcán Xitle, Teotihuacán y el Imperio tolteca. Ahora, las majestuosas pirámides, los majestuosos templos y las impresionantes tallas de civilizaciones pasadas estaban en gran parte abandonados, pero rápidamente surgían nuevos asentamientos.

Los recién llegados eran los mexicas de habla náhuatl, también llamados aztecas, por su misterioso país natal de Aztlán que habían abandonado más de 100 años antes. ¿Quiénes eran y de dónde venían? ¿Cómo se definían a sí mismos? ¿Acaso Aztlán, su hogar ancestral, era mítico o un lugar real?

Según su grupo lingüístico (náhuatl) y las descripciones de sus peregrinajes por la zona septentrional llena de espinas de cactus, cardos y lagartos venenosos, los mexicas eran probablemente una rama de las tribus chichimecas, que subsistían en el desierto antes de asentarse en el valle de México. Los propios mexica-aztecas presentaban sus orígenes como chichimecas, pero también toltecas.

Es probable que el aspecto cazador-guerrero de los chichimecas encajara con ellos. Los chichimecas representaban la virilidad, la fuerza, la destreza en la batalla, la capacidad de prosperar en condiciones duras, la astucia y la intrepidez, todas ellas características del guerrero perfecto en el que los aztecas se esforzaban por convertirse.

Los mexica-aztecas también admiraban a los toltecas, antaño nómadas, que surgieron de sus propios orígenes tolteca-chichimecas para desarrollar una gran civilización. Eran modelos para los mexicas, que aspiraban a emular su ascenso al poder y llevarlo a un plano superior. Los mexica-aztecas se enorgullecían de ser un pueblo en evolución, siempre avanzando, siempre elevándose al siguiente nivel.

Los aztecas se definían a sí mismos como descendientes de feroces nómadas que se habían alzado para cumplir su destino como guerreros, conquistadores y constructores de imperios. Consideraban su historia como una larga campaña militar en la que hacían la guerra a provincias y ciudades para subyugarlas. Los mexica-aztecas afirmaban que seguían la profecía de su dios principal, Huitzilopochtli, enemigo de la tranquilidad y amigo de la contienda. Consideraban que los conceptos de paz y conservación del *statu quo* eran impedimentos para lograr lo que estaba predestinado.

Y, sin embargo, hubo un tiempo en que no eran nómadas ni constructores de imperios. Hubo un tiempo en el que, según sus leyendas, vivieron una vida pacífica como agricultores y pescadores en su idílica isla de Aztlán. ¿Qué podemos saber sobre esta misteriosa tierra y su ubicación?

Página 3 del Códice Boturini que muestra el viaje de los aztecas desde Aztlán hasta el valle de México[25]

---

[25] https://commons.wikimedia.org/wiki/File:Codex_Boturini,_page_3.jpg

Varios manuscritos aztecas escritos en el siglo XVI, justo antes o después de la llegada de los conquistadores españoles, nos permiten comprender mejor los orígenes de este pueblo. Entre ellos se encuentran el *Códice Boturini*, la *Crónica Mexicáyotl*, el *Códice Ramírez*, el *Códice Aubin* y los *Anales de Tlatelolco*. También contamos con historias escritas por los primeros cronistas españoles, basadas en su estudio de los documentos aztecas y en entrevistas con el pueblo azteca. Entre ellas se encuentran la *Monarquía indiana*, escrita en 1615 por fray Juan de Torquemada, y la *Historia de las Indias de Nueva España*, de fray Diego Durán (h.1537-1588).

Los mexica-aztecas decían que procedían de un lugar idílico llamado Aztlán. ¿Dónde estaba Aztlán? ¿Podemos encontrar alguna pista lingüística en el significado del nombre? En la lengua náhuatl, el sufijo *lan* o *tlan* significa el lugar de, y el sufijo *tec* significa gente de. Así, azteca significa gente de *Az* o *Azt*, y *aztlán* significa lugar de *Az* o *Azt*. ¿Qué significa el prefijo *Az* o *Azt*? Los lingüistas y los documentos históricos han presentado varias opciones.

La crónica azteca *Crónica Mexicáyotl* dice que Aztlán significa *lugar de garzas*. La palabra náhuatl *aztatl* significa *garza o garceta*, juntando el prefijo náhuatl *azt*, que frecuentemente se refiere a una garza o plumaje de garza o a un ave, con el sufijo *atl* de *agua*. Esto encajaría con la descripción de Aztlán como una isla en un lago llena de aves acuáticas.

Algunos lingüistas dicen que Aztlán significa *lugar blanco* porque la palabra náhuatl *aztapiltic* significa algo muy blanco. Sin embargo, esta palabra para blanco nos remite a la idea de *garza*; básicamente significa *color de garza* al combinar el prefijo para garza con el sufijo *iltic* que conlleva la idea de color. Muchas palabras náhuatl para colores terminan con *ic*, *itc*, *ltic* o *iltic*.

Una tercera idea es que Aztlán significa *lugar de herramientas*. La razón de este significado es que, en la lengua náhuatl, *āz* (o *huaztli*) es un *morfema* (parte de la palabra) que cambia un sustantivo en otro diferente que podría usarse para producir algo. Por ejemplo, la palabra *tronco* en náhuatl es *tepontli*, pero insertando *āz* en la palabra la cambia a *teponāztli*, que significa *tambor*. Lingüísticamente, esto es un poco exagerado porque uno debe tener un sustantivo en el que insertar *āz* para que esto funcione. Con *Aztlán*, no tenemos un sustantivo, solo el sufijo *tlan* o *lan*, que significa *lugar de*.

En resumen, la definición más sólida de Aztlán desde el punto de vista lingüístico es *lugar de garzas (blancas)*. Esto es lo que los propios aztecas dijeron que significaba en la *Crónica Mexicáyotl*, y también encaja con la descripción de la isla paradisíaca que tendría garzas a lo largo de la orilla. Además, las garzas y su plumaje desempeñaban un papel importante en la cultura azteca: formaban elaborados tocados con los penachos de esta ave y decoraban sus áreas ceremoniales y objetos sagrados con plumas de garza.

Según su historia, los mexicas abandonaron su hogar de Aztlán hacia 1168 e. c. y vagaron casi dos siglos antes de llegar a la isla del lago pantanoso donde construirían su ciudad. Su jefe era Tenoch, hijo de Iztac Mixcóatl, quien tuvo dos esposas y siete hijos y puede que fuera una persona real, pero tanto en la mitología tolteca como en la azteca se lo identifica como el dios de la caza. En el capítulo anterior, sobre los toltecas, se lo mencionó como el cazador y rey que se casó con Chimalma y se convirtió en padre de Ce Ácatl Topiltzin, que más tarde se hizo llamar Quetzalcóatl.

Tenoch, jefe mexica, del Códice Mendoza[26]

---

[26] https://commons.wikimedia.org/wiki/File:Tenoch.jpg

A pesar de ser hijo de Mixcóatl, Tenoch fue elegido cacique por un consejo de ancianos y gozaba de gran respeto entre el pueblo al que guió en su gran migración hacia el sur. A lo largo de su historia, la nobleza y los sacerdotes mexicas eligieron a sus líderes. Cuando los mexicas llegaron a su destino final en el lago Texcoco, llamaron a su asentamiento isleño Tenochtitlan en honor a este estimado jefe. Otro nombre para los mexicas era Tenochca, pueblo del gran cacique que los guió hasta el lugar donde pronto construirían un imperio.

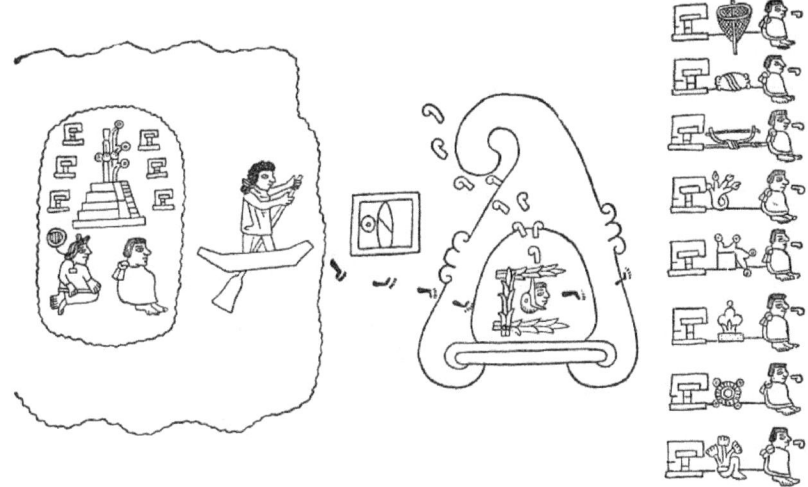

Abandonando Aztlán, del Códice Boturini[27]

La primera página del *Códice Boturini* muestra una imagen de la isla de Aztlán con una pirámide. La imagen indica que un sacerdote condujo a los mexicas y a su antepasada Chimalma desde Aztlán en un barco. Curiosamente, los mexica-aztecas reivindicaron tanto a Mixcóatl como a Chimalma como sus antepasados. Estos dos fueron los padres del emperador Ce Ácatl Topiltzin Quetzalcóatl en la historia Tolteca. ¿Intentaban los mexicas reclamar legitimidad adoptando a esta pareja como sus propios antepasados? ¿O eran realmente del mismo clan y solo emigraron varios siglos después?

El resto *del Códice Boturini* relata la migración de los mexicas y su historia desde 1168 hasta 1355. No proporciona mucha información sobre Aztlán en sí, excepto que menciona que después de que los mexicas dejaron Aztlán, su dios Huitzilopochtli les enseñó a sacrificar sangre y que

---

[27]

https://commons.wikimedia.org/wiki/File:MA_D037_From_the_Boturini_MS_showing_the_com mencement_of_the_Aztec_migration.jpg

ofrecieron por primera vez sacrificios humanos. De esto podemos inferir que el sacrificio humano y el sacrificio de sangre no eran parte de la cultura de Aztlán.

Una tendencia interesante en Mesoamérica era construir ciudades en una isla en un lago o zona pantanosa. Las fuentes antiguas dicen que Aztlán era una isla en un lago llamado *Metztliapan* o *Lago de la Luna*, con una gran colina llamada Culhuacán (o Coatepec). Se decía que los habitantes de la isla disfrutaban de todo lo necesario para vivir. Las aguas que rodeaban Aztlán estaban llenas de aves acuáticas, como garzas y patos. Los habitantes pescaban hermosos peces grandes en sus canoas y cuidaban huertos *chinampas* flotantes de pimientos, tomates y maíz. Exquisitos pájaros rojos y amarillos revoloteaban en los árboles de sombra que bordeaban las orillas de la isla, llenando el aire de cantos.

Siete tribus surgidas de siete cuevas[28]

En el cerro llamado Culhuacán de la isla (o cerca de la isla) se localizaron siete cuevas de las que surgieron siete tribus: los xochimilcas, los tlahuicas, los acolhuas, los tlaxcaltecas, los tepanecas, los chalcas y los mexicas. Cada tribu partió, una a una, para emigrar y asentarse en diferentes zonas. Los mexicas fueron la última tribu en partir. Quizá estas siete tribus fueran los siete hijos de Iztac Mixcóatl, padre del jefe mexica Tenoch. Como todos procedían de Aztlán, las siete tribus pueden denominarse colectivamente aztecas.

---

[28] https://commons.wikimedia.org/wiki/File:ToltecaChichimeca_Chicomostoc.jpg

¿Dónde se encontraba Aztlán? La respuesta está rodeada de misterio. Una pista, obtenida a partir del rastreo de su linaje lingüístico, es que las tribus aztecas procedían de las tierras situadas al norte de Ciudad de México. Los aztecas hablaban la lengua náhuatl, que nos ha dado palabras como coyote, tomate, chocolate, aguacate y chile. El náhuatl pertenece a la familia lingüística uto-azteca, que se extiende desde México hasta el suroeste de Estados Unidos, lo que lleva a especular con la posibilidad de que los aztecas procedieran del norte de la frontera.

Su descripción de los jardines flotantes en las aguas que rodean Aztlán es fascinante. ¿Llevaban los aztecas esta costumbre consigo? Los xochimilcas, otra cultura de habla náhuatl que, según se dice, formaba parte de las siete tribus de Aztlán, eran conocidos por sus chinampas o jardines flotantes construidos con balsas de juncos cubiertas con barro del lago. En estas balsas cultivaban verduras, frutas y flores, que transportaban a tres kilómetros de la capital azteca, Tenochtitlan. Las investigaciones del antropólogo y arqueólogo Richard Blanton datan los asentamientos chinampas del lago Xochimilco en el año 1100 e. c., lo que significa que estaban allí antes de que llegaran los mexicas, pero los xochimilcas eran otra tribu azteca que pudo haber importado la tecnología de Aztlán.

Un aspecto confuso de los orígenes aztecas es qué o quién era *Chicomóztoc*. Algunos relatos dicen que Chicomóztoc fue la cueva de la que nacieron las siete tribus. Otros dicen que los Chicomóztoc eran un pueblo anterior a las siete tribus y menos civilizado. El *Códice Aubin* dice que los aztecas abandonaron Aztlán debido a la tiranía de una élite gobernante llamada Azteca Chicomóztoc. Otros relatos mencionan Chicomóztoc como un lugar cerca de Aztlán, pero no en Aztlán mismo. ¿Acaso los mexicas de Aztlán eran vasallos de una nación cercana? ¿Habían sido conquistados por un pueblo llamado Chicomóztoc? ¿O era un lugar de refugio tras abandonar Aztlán?

¿Por qué los mexicas y otras tribus aztecas abandonaron su idílica Aztlán? Quizá alguna lucha interna o el ataque de otra tribu o cacique los obligó a abandonar su dichosa isla. También pudieron verse afectados por algún desastre natural, como una gran sequía, una erupción volcánica, una inundación o un terremoto. Algo traumático pudo obligarlos a pasar repentinamente de agricultores y pescadores sedentarios a nómadas.

Los mexicas contaban que, cuando abandonaron Aztlán, su vida fácil fue sustituida por espinas, cardos, rocas afiladas, serpientes y lagartos venenosos en una tierra que se volvió contra ellos. Esto caracteriza los duros desiertos que atravesaron en su largo viaje al valle de México. También proporciona más indicios sobre la ubicación de Aztlán por ser un lugar fértil pero cercano a zonas desérticas. El terreno del noroeste de México es mayoritariamente árido o semiárido, pero franjas de humedales tropicales se extienden por la parte occidental del país hacia la frontera norte.

Pirámide de La Quemada con vistas al lago
Marisol Narváez Quiroz[29]

---

[29] Marisol Narváez Quiroz, CC BY-SA 3.0 <https://creativecommons.org/licenses/by-sa/3.0>, vía Wikimedia Commons https://commons.wikimedia.org/wiki/File:LA_QUEMADA_zacatecas.jpg

Una de las ubicaciones propuestas para Aztlán (o para Chicomóztoc) es La Quemada, un yacimiento arqueológico en tierras chichimecas del estado de Zacatecas, a unos 450 kilómetros al noroeste de Ciudad de México. Hay quien dice que sus ruinas pertenecen a la misteriosa cultura Chicomóztoc. La Quemada, con vistas a un gran lago al este, está en una colina alta con árboles y hierba verde, con vistas al desierto. Fray Juan de Torquemada, en su *Monarquía indiana*, dejó constancia de que La Quemada fue lugar de paso de los aztecas en su migración al valle de México. Según él, los aztecas permanecieron allí nueve años, dejaron en el lugar a sus ancianos y niños y continuaron su migración.

Yacimiento de La Quemada, 300-1200 e. c.
OrniCosa de MEXICO, D.F., MEXICO, CC BY 2.0
<*https://creativecommons.org/licenses/by/2.0*>, vía Wikimedia Commons
https://commons.wikimedia.org/wiki/File:La_Quemada,_Zacatecas.jpg

La Quemada, la ciudad sobre una colina, tiene una construcción de mampostería de terrazas, pilares estatuarios, una majestuosa pirámide de 12.2 metros de altura, un campo de pelota y un sitio residencial. La pirámide es única en el sentido de que la mayoría de las pirámides mesoamericanas están formadas por un núcleo de escombros y tierra compactada sostenida por muros de contención revestidos con ladrillos de adobe recubiertos de piedra caliza. La pirámide votiva de La Quemada es sólida y mucho más inclinada que otras pirámides mexicanas, aunque más pequeñas.

Es bastante sorprendente encontrar un sitio con una arquitectura tan grandiosa en el desierto tan al norte. ¿Qué hacía esta sofisticada ciudad en territorio chichimeca, tan lejos del valle de México? Las evidencias arqueológicas sugieren que La Quemada no recibió la influencia de las civilizaciones mesoamericanas del sur, como la tolteca, sino que fue construida por un pueblo que desarrolló de forma independiente sus propias técnicas y estilos.

La Quemada[30]

La datación por radiocarbono sitúa el inicio de la construcción en el año 300 e. c., extendiéndose hasta el 1200. Esto situaría la historia anterior de la ciudad mucho antes de la cultura tolteca, pero coincidiría con la época en que los aztecas vivieron en Aztlán y con el momento en que dijeron que abandonaron su isla, alrededor de 1168 e. c. El nombre La Ciudad Quemada se debe a que las ruinas muestran evidencias de un incendio masivo que aparentemente destruyó la ciudad. La Quemada tiene algunas similitudes con la cultura Chalchihuites que floreció a unas 100 millas al oeste de La Quemada desde aproximadamente el año100 al 1250 e. c.

---

[30] JavierDo, CC BY-SA 3.0 <https://creativecommons.org/licenses/by-sa/3.0>, vía Wikimedia Commons https://commons.wikimedia.org/wiki/File:Ruinas,_La_Quemada_-_panoramio_(4).jpg

Los elementos que hacen que La Quemada pueda encajar con Aztlán incluyen la antigüedad de la ciudad, su situación en una colina alta en una zona fértil rodeada de desierto, la pirámide y la destrucción por un incendio que pudo haber precipitado una migración más o menos al mismo tiempo que los mexicas abandonaron Aztlán. No es una isla en un lago, pero hay un lago cercano. Ese lago se formó al represar un río en el lado oriental de la ciudad. A lo largo del lado occidental de la colina hay un barranco irregular, probablemente el lecho de un arroyo. Tal vez, hace siglos, antes de que se construyera la presa, la ciudad era una especie de isla rodeada por el río y el arroyo. Otra posibilidad es que La Quemada no fuera Aztlán propiamente dicha, sino Chicomóztoc, que, según el relato de fray Torquemada, era una zona cercana a Aztlán donde los aztecas se detuvieron para su reagrupación, permaneciendo nueve años antes de su migración hacia el sur.

Otra pista para la ubicación de Aztlán es el nombre *Culhuacán* para la gran colina en la isla de Aztlán. Culhuacán (o *Colhuacan*) es también el nombre de una ciudad-estado precolombina fundada por los toltecas bajo Mixcóatl (y recuerde que Mixcóatl también se supone que es un antepasado de los mexicas). Se cree que fue el primer asentamiento de los toltecas en la zona, incluso antes de que construyeran Tula. Culhuacán estaba en el valle de México, a orillas del lago Xochimilco, que conectaba con el lago Texcoco, donde los mexicas establecieron más tarde su ciudad de Tenochtitlan en una isla. Culhuacán también era conocida por tener jardines flotantes. Sobrevivieron a la caída de Tula y continuaron en la época azteca.

En la región de Culhuacán hay una colina llamada Chapultepec (que significa saltamontes) situada en una isla del lago de Texcoco, cerca de donde se construyó la capital mexica-azteca de Tenochtitlan. Cuando los mexicas llegaron por primera vez al valle de México, este estaba poblado por los restos de los toltecas, por los chichimecas que habían emigrado allí antes, por otras tribus de Aztlán y por otras culturas. No había mucho espacio para los mexicas, y a la población local no le gustaban estos recién llegados.

Sin embargo, después de años de servilismo a otras culturas y de luchar por sobrevivir, los aztecas consiguieron hacerse con el control de Chapultepec, una isla situada al oeste del lago de Texcoco. En el centro de esta isla había un pequeño volcán extinguido que se elevaba sobre una costa con manantiales de agua dulce. Durante unos veinte años, vivieron en esta isla con una colina elevada sobre un lago con la cultura de jardines flotantes. La isla de Chapultepec tenía un asombroso parecido con Aztlán.

¿Podría ser Chapultepec la mítica Aztlán? ¿Qué tal si los aztecas siempre fueron nómadas del desierto hasta entonces? ¿Y si su vida en Aztlán se desarrolló en una historia mucho más reciente, pero fue «ajustada» en el tiempo para crear credibilidad? O bien, ¿podrían las descripciones posteriores de Aztlán estar empañadas por los recuerdos de Chapultepec?

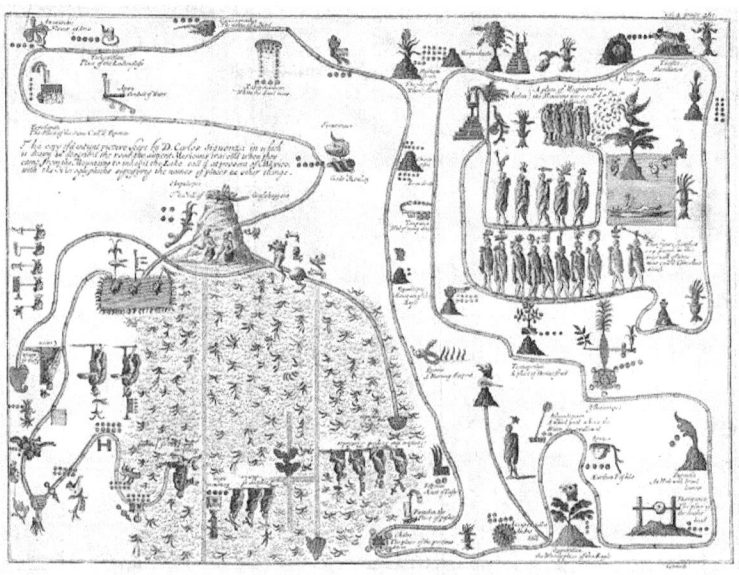

Mapa de Gemelli de 1704 de la migración azteca de Aztlán (esquina superior derecha lago y palmera) a Chapultepec, en el centro izquierda, una colina con un saltamontes en la cima)[31]

Incluso después de fundar la ciudad de Tenochtitlan, los mexicas sentían debilidad por la isla de Chapultepec. Se convirtió en un lugar sagrado para ellos, donde construyeron un centro religioso y un retiro para sus emperadores. Se cree que en la colina de la isla se enterraban las cenizas de los emperadores aztecas que habían sido cremados.

¿Fue Aztlán real o mítica? Se trata de un misterio para el que no tenemos una respuesta definitiva. ¿Los aztecas fueron siempre cazadores y recolectores antes de asentarse en Tenochtitlan, o tuvieron orígenes agrícolas? Podemos obtener pistas de sus leyendas, de la arqueología y de la lingüística, pero los inicios del pueblo que construiría un gran imperio están envueltos en la niebla.

---

[31]https://commons.wikimedia.org/wiki/File:1704_Gemelli_Map_of_the_Aztec_Migration_from_Aztlan_to_Chapultapec_-_Geographicus_-_AztecMigration-gemelli-1704.jpg

Capítulo 5: Los primeros asentamientos y Tenochtitlan

Suponiendo que Aztlán fuera un lugar real, cabe imaginar la desorientación y el desconcierto de los mexica-aztecas cuando abandonaron su hogar ancestral. Algún acontecimiento cataclísmico, quizá una guerra o un desastre natural o la voz de su dios, había forzado el exilio. ¿Qué les ocurriría? ¿Adónde irían?

Según sus propios relatos, pronto se sintieron reconfortados por el canto del dios colibrí Huitzilopochtli, que les dijo que los había adoptado como su pueblo y que los conduciría a un nuevo hogar. Les prometió que les proporcionaría las herramientas necesarias para su viaje y que serían grandes y prósperos. A cambio, exigió sacrificios, sacrificios sangrientos.

Un colibrí parece una manifestación extraña para una deidad que era el dios de la guerra y el dios del sol. El nombre de Huitzilopochtli significaba literalmente *colibrí de la izquierda* (la izquierda era el sur para los mexicas). Los mexicas creían que los guerreros se reencarnaban en colibríes. Noche tras noche, este guerrero reencarnado, Huitzilopochtli, les cantaba, indicándoles adónde ir y qué hacer.

Cuando los mexica-aztecas cruzaron el lago desde Aztlán, se encontraron con las otras tribus que, como los mexica, habían salido de las siete cuevas de Aztlán: los xochimilca, los tlahuica, los acolhua, los tlaxcalteca, los tepaneca y los chalca. Estas tribus, que habían abandonado Aztlán anteriormente, pidieron unirse a los mexicas, y viajaron juntos durante algún tiempo.

Árbol roto, símbolo de la escisión de los mexicas de otras tribus aztecas. A la derecha de la imagen, seis hombres se reúnen en torno a Huitzilopochtli, representado como un hombre con boca de colibrí. Del Códice Boturini[32]

Después de llegar a un lugar llamado Tlatzallan Texcaltepetzallan, el dios mexica Huitzilopochtli les ordenó separarse de las demás tribus; esta división se representa en el *Códice Boturini* como la copa de un árbol cortada del tronco. Más de 100 años después, los mexicas se reencontraron con sus parientes aztecas de Aztlán, que llegaron al valle de México antes que ellos. Las otras tribus aztecas no dieron una cálida bienvenida a los mexicas.

Tras separarse de las demás tribus, su dios anunció que ahora se llamarían mexicas, no aztecas. Los pueblos que hoy conocemos como aztecas se llamaron a sí mismos mexicas a lo largo de su historia. El nombre azteca englobaba a las siete tribus de las siete cuevas de Aztlán. Esto puede resultar confuso porque, en la historia más reciente, la tribu mexica se ha llamado a menudo *azteca*.

En la actualidad, el término *azteca* se utiliza a veces exclusivamente para referirse a la tribu mexica que acabó asentándose en Tenochtitlan. El nombre *azteca* se utiliza con más precisión para designar a las tres tribus principales de la Triple Alianza que formaron el Imperio azteca: los

---

[32] https://commons.wikimedia.org/wiki/File:Boturini_Codex_(folio_3).JPG

mexicas, los acolhuas y los tepanecas. Estas tres tribus procedían de Aztlán, por lo que colectivamente se los denomina aztecas. El nombre *azteca* también puede referirse a todos los ciudadanos de las ciudades-estado que formaban parte del Imperio y hablaban náhuatl como lengua común. Muchas tribus de estas ciudades-estado formaban parte de las siete tribus de Aztlán, por lo que eran de ascendencia azteca.

Para mayor claridad, este libro utiliza el término *mexica* o *mexica-azteca* para referirse a la tribu específica que se asentó en Tenochtitlan. Utiliza *azteca* cuando habla de las siete tribus de Aztlán, las tribus de la Triple Alianza y cuando habla del Imperio en su conjunto.

Primer sacrificio humano de los mexicas, según el Códice Boturini[33]

Volviendo a la larga migración, los mexicas permanecieron bajo el árbol roto durante cuatro años después de su ruptura con las otras tribus aztecas. Fue entonces cuando iniciaron la espeluznante práctica del sacrificio humano. El *Códice Boturini* muestra a Huitzilopochtli guiándolos en el sacrificio de tres víctimas, dos hombres y una mujer de la tribu Chicomóztoc-Mimixcoa. En esta imagen, se puede ver al cuarto hombre desde la izquierda llevando a la espalda al dios colibrí Huitzilopochtli; el dios tiene la cabeza de un pájaro con un largo pico

---

[33] https://commons.wikimedia.org/wiki/File:Boturini_Codex_(folio_4).JPG

combinada con una cabeza humana.

La *Crónica Mexicáyotl* dice que los mexica-aztecas continuaron viajando hacia el sur, viviendo de la tierra durante muchas décadas. Se detenían durante una temporada cuando llegaban a un lugar más fértil, permaneciendo el tiempo suficiente para plantar y luego recoger una cosecha, que podían llevar consigo. Esto indica que los mexicas no eran completamente cazadores y recolectores; debían de tener una formación agrícola para saber cultivar.

Con ellos viajaba Malinalxóchitl, la hermana de Huitzilopochtli, una hermosa hechicera que practicaba la brujería con serpientes, escorpiones y otras criaturas venenosas. Huitzilopochtli pensó que su hermana era malvada, algo incongruente, ya que era él quien ordenaba a sus seguidores que arrancaran los corazones de las personas vivas como tributo a él. Advirtió a los mexicas de que era una grave amenaza para ellos.

«La hechicería no es mi camino —explicó Huitzilopochtli—. Mi camino es la guerra.»

Huitzilopochtli continuó explicándoles cuáles serían las recompensas de su conquista bajo su dirección: «Esto nos traerá jade, oro y plumas de colores para decorar mi templo. Ustedes tendrán maíz, chocolate y algodón. Juntos, lo tendremos todo».

Un día, mientras la hechicera dormía, Huitzilopochtli y los mexicas se alejaron sigilosamente, dejándola atrás. Años más tarde, Copil, el hijo de Malinalxóchitl, intentó vengar el abandono de su madre atacando a los mexicas en su querida isla de Chapultepec. No le fue bien a Copil. Los mexicas lo mataron y, siguiendo las instrucciones de Huitzilopochtli, le arrancaron el corazón y lo arrojaron al lago de Texcoco. El mito mexica dice que la isla, que más tarde se convertiría en Tenochtitlan, creció del corazón de Copil.

Tras décadas de vagabundeo nómada, los mexicas llegaron a Tula (Tollan), la ciudad fantasma de los toltecas. Recorrieron las dramáticas ruinas de Tula, aprendiendo de los lugareños que quedaban cómo los toltecas gobernaban la zona. Se asentaron en Tula durante veinte años, tal vez planeando cómo establecerían algún día un imperio propio. Más tarde, cuando llegaron al valle de Anáhuac (valle de México), buscaron alianzas con el pueblo Culhuacán, una rama de los toltecas, casándose con ellos para establecer un linaje tolteca.

Tras su estancia de veinte años en las ruinas de Tula, los mexicas reanudaron su migración hacia el sur, adentrándose en el valle de

Anáhuac entre 1220 y 1240 e. c. El nuevo mundo que encontraron era una civilización avanzada, más densamente poblada que las anteriores y políticamente organizada en ciudades-estado. El suelo fértil y la pluviosidad constante favorecieron la agricultura extensiva, principalmente de maíz.

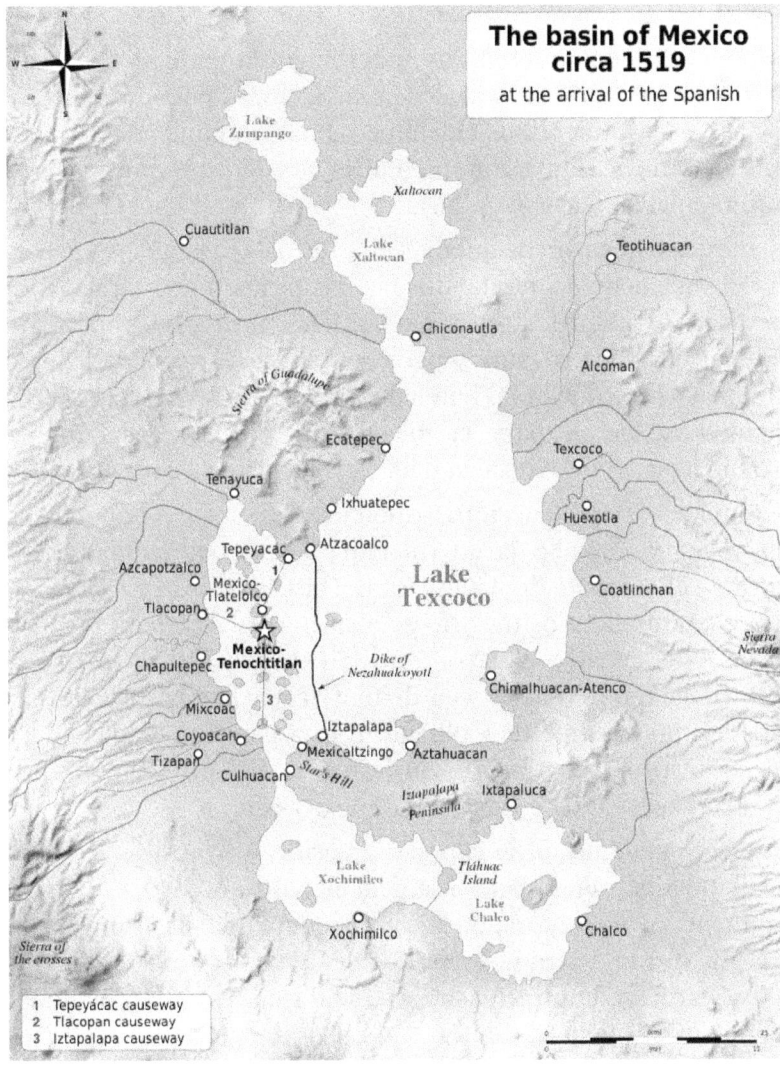

Localización de las principales ciudades-estado en torno al lago de Texcoco[34]

---

[34] Archivo: Lago de Texcoco-posclásico.png: YavidaxiuFile:Valle de México c.1519-fr.svg: historicair 13:51, 11 de septiembre de 2007 (UTC)obra derivada: Sémhur, CC BY-SA 4.0 <https://creativecommons.org/licenses/by-sa/4.0>, vía Wikimedia Commons
https://commons.wikimedia.org/wiki/File:Basin_of_Mexico_1519_map-en.svg

¿Quién estaba allí, en el valle de Anáhuac, cuando llegaron? Se encontraron con cuatro de las tribus aztecas de las que se habían separado más de un siglo antes: los xochimilcas, los acolhuas, los tepanecas y los chalcas. Sus parientes y otros habitantes del valle los rechazaban, pues no querían competir por la tierra, los recursos y el poder político que cada grupo se esforzaba por desarrollar.

Los poderosos colhuas-toltecas gobernaban la parte sur del valle, y la ciudad tepaneca de Azcapotzalco estaba formando rápidamente un imperio al oeste. Otras tribus chichimecas habían emigrado y vivían en la periferia. Los mexicas tuvieron que enfrentarse a estas otras civilizaciones mientras intentaban hacerse un lugar.

Los mexicas trataron de establecerse en la corriente principal de la cultura del valle activo contratándose como picapedreros, trabajadores de la construcción y soldados mercenarios. Estas profesiones mejoraron sus conocimientos de arquitectura y perfeccionaron sus habilidades militares. Iniciaron alianzas con varias ciudades-estado a través del matrimonio. Finalmente, trabajaron para establecer sus propios asentamientos; el primero fue la aldea de Huixachtitlan, establecida en 1240.

Su empleo como guerreros mercenarios resultó beneficioso de inmediato cuando estalló la guerra entre el *altépetl* (ciudad-estado) de Tenayuca y el *altépetl* de Culhuacán. Buscando congraciarse con los toltecas de Culhuacán, los mexicas se aliaron con ellos para luchar contra Tenayuca. Tras ganarse el favor de los colhuas, formaron una alianza matrimonial cediendo a una joven de una de sus familias nobles para que se casara con un príncipe de Culhuacán. Esta pareja tuvo un hijo llamado Coxcoxtli, cuya hija se convirtió en la madre del primer gobernante de Tenochtitlan, la eventual capital de los mexica-aztecas.

Como se mencionó en el capítulo anterior, los mexicas capturaron la isla de Chapultepec, en el lado oeste del lago de Texcoco, estableciéndola esencialmente como una ciudad-estado independiente. Su vida en esta hermosa isla terminó en unos veinte años, cuando varias otras ciudades-estado los atacaron, enfurecidas por su audacia de establecer una ciudad independiente en medio de su territorio. Los tepanecas ganaron la guerra, expulsaron a los mexicas de Chapultepec y capturaron al líder mexica Huehue Huitzilíhuitl y a su hija como sacrificios humanos para sus dioses.

Los mexicas que sobrevivieron a la batalla se escondieron en los pantanos que rodean el lago, pero finalmente tuvieron que salir para sobrevivir. Se rindieron a Culhuacán, ofreciéndose como esclavos a cambio de protección frente a los tepanecas. Resultó que el líder colhua era Coxcoxtli, hijo de la princesa mexica que se había casado con un príncipe colhua. Les dio permiso para asentarse en Tizapán, una tierra vacía y estéril. Los mexicas vivieron allí unos años, asimilando la cultura Culhuacán.

Tras un grotesco incidente en 1303, los mexicas fueron desterrados de Culhuacán. La serie de acontecimientos que condujeron a la truculenta escena comenzó cuando los colhuas entraron en guerra con los xochimilcas, que habían construido un poderoso *altépetl* al sur del territorio colhua. Los xochimilca eran parientes aztecas de los mexicas de Aztlán; sin embargo, los mexicas se unieron a los colhuas, liderados por su pariente Coxcoxtli.

Según el *Códice Aubin*, los colhuas estaban perdiendo, por lo que el rey Coxcoxtli hizo un llamamiento a los mexicas: «Vayan donde los xochimilcas que nos están derrotando y capturen a 8000 de ellos para que sean nuestros esclavos», ordenó.

Los mexicas pidieron escudos y garrotes para esta misión, pero el rey se negó, así que los mexicas emprendieron su descomunal tarea. En lugar de capturar a los xochimilcas, los mataron, y no solo a 8.000: ¡prosiguieron y mataron a 32.000! Cortaron las narices a los guerreros, llenaron sus sacos con ellas y marcharon de vuelta ante el rey Coxcoxtli.

«Oh gobernante, aquí están todos nuestros cautivos. Hemos capturado a 32.000 de ellos». Dejaron caer los sacos llenos de narices ensangrentadas delante de Coxcoxtli.

Horrorizado, Coxcoxtli llamó a sus consejeros. «¡Los mexicas no son humanos! ¿Cómo le hicieron esto a los Xochimilca? Son un mal presagio».

Los mexicas presionaron su ventaja: «Oh gobernante, dale a nuestro altar de tierra algo para adornarlo».

Querían a la hija de Coxcoxtli; querían adorarla como a una diosa, dijeron. Tal vez el rey de Culhuacán tuvo reparos, pero les dio a su hija para que la adoraran como a una diosa. Cuando el rey llegó para la ceremonia, ¡uno de los sacerdotes mexicas se paseaba con la piel de su hija! La habían matado y desollado, ¡y él la llevaba puesta! Como era de esperar, la macabra perspectiva de los mexicas sobre cómo adorar a una diosa incitó una terrible batalla y la expulsión de los mexicas de Culhuacán. Entonces tuvieron que vagar por los pantanos y las zonas lacustres como parias.

Al principio, intentaron asentarse al norte de Culhuacán, en Mexicaltzingo. Pero su horrible reputación los precedía, y los habitantes de esa zona los obligaron a seguir adelante. Finalmente encontraron una isla llamada Nextipac, a orillas del lago Texcoco, donde se asentaron durante un tiempo. Pero los colhuas, sus antiguos aliados convertidos en enemigos, los atacaron y quemaron su ciudad, sin dejar rastro de la existencia de Nextipac.

Los mexicas huyeron; utilizando sus escudos como balsas, remaron y se escondieron entre los juncos de la orilla del lago. Los mexicas habían perdido a muchos de los suyos, todas sus pertenencias, y ahora se escondían en el pantano, con los colhuas presionándolos. Estaban en una situación desesperada; ¿qué los salvaría ahora?

Esa noche, el dios colibrí, Huitzilopochtli, se apareció en sueños a uno de los líderes de la tribu: «Cuando llegue la mañana, levántate y busca un cactus espinoso, entre los juncos. Sobre él se posará un águila, comiéndose una serpiente. Aquí debes construir tu ciudad, Tenochtitlan. Y aquí debes esperar a los enemigos que te rodean y conquistarlos, uno a uno, a todos».

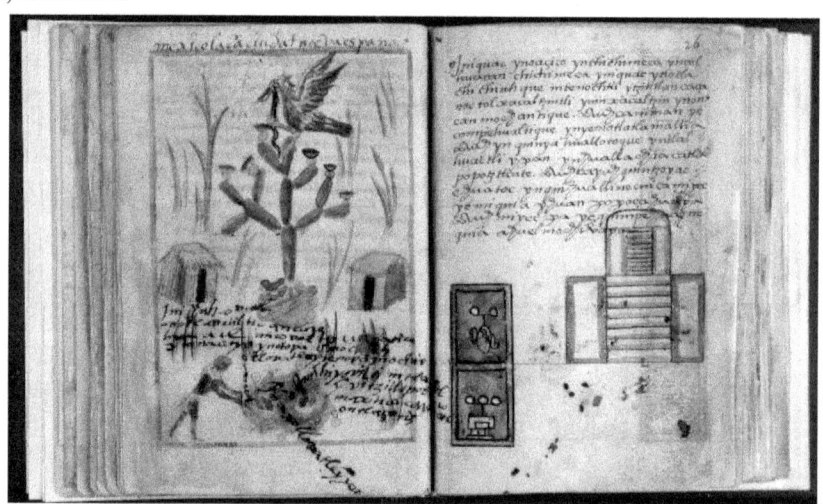

Águila sobre cactus comiendo una serpiente, del Códice Aubin folio 25[35]

A la mañana siguiente, el anciano de la tribu convocó al pueblo y le comunicó la profecía que había recibido en sueños. La gente se puso en acción, mirando por encima del hombro por si los colhuas aún los

---

[35] The Trustees at the British Museum, CC BY-SA 4.0 <https://creativecommons.org/licenses/by-sa/4.0>, vía Wikimedia Commons
https://commons.wikimedia.org/wiki/File:Codice_Aubin_Folio_25.png

seguían. Sus ojos escudriñaron la zona, buscando entre los juncos, un lugar improbable para que creciera un cactus. Y entonces, en una isla pantanosa de la orilla occidental del lago de Texcoco, vieron un águila que desplegaba las alas y se posaba en un nopal que crecía entre los juncos. Se estaba comiendo una serpiente que sostenía en sus garras.

Águila sobre cactus con pájaro, del Códice Tovar del siglo XVI[36]

(Algunas versiones anteriores de la historia no incluyen la serpiente, solo el águila y el cactus. Muestran al águila comiendo el fruto del cactus o comiéndose un pájaro. Es posible que la serpiente entrara en la historia

---

[36]https://commons.wikimedia.org/wiki/File:The_Eagle,_the_Snake,_and_the_Cactus_in_the_Founding_of_Tenochtitlan_WDL6749.png

después de la llegada de los españoles, tal vez por una mala traducción de los escritos mexicas).

¡Este era el lugar! Después de todos esos años de vagar, de luchar contra los elementos, de luchar por sobrevivir, de anhelar un lugar al que llamar hogar, ¡aquí estaba! Aquí estaba la isla donde construirían su ciudad, Tenochtitlan. Corría el año 1325 e. c. Habían abandonado su isla natal de Aztlán en 1168 y, tras una larga migración, habían llegado por fin a su nueva isla natal.

Construir su nueva ciudad en medio de una zona pantanosa podría haber parecido un comienzo poco propicio. Sin embargo, esta isla baja en un lago era un lugar estratégico. Dispondrían de abundantes alimentos procedentes de peces, aves acuáticas y de la agricultura, donde había una fuente constante de agua. El lago de Texcoco estaba conectado con otros lagos, lo que les proporcionaba múltiples vías fluviales para el comercio, el transporte y la salida en expediciones bélicas.

Por supuesto, la isla no les pertenecía. Estaba bajo el control del *tlatoani* (rey) de la ciudad de Azcapotzalco, sede del Imperio tepaneca. Los tepanecas eran parientes de los mexicas de Aztlán y antiguos aliados, pero más recientemente sus enemigos. ¿Permitiría el rey tepaneca que vivieran allí? Sí. A cambio de convertirse en vasallos de Azcapotzalco y guerreros mercenarios de los tepanecas, ¡podrían quedarse!

Lo único que tenían que hacer era luchar con los tepanecas contra los otros *altépetl*, especialmente Culhuacán y Texcoco, la ciudad-estado de los acolhua, también parientes de Aztlán. Juntos, los mexicas y los tepanecas derrotaron a Culhuacán y Texcoco, poniendo todos los territorios alrededor del lago Texcoco bajo el control del Imperio tepaneca. Con la zona asegurada, los mexicas pudieron centrarse en la construcción de su ciudad.

En 1375, Tenoch, su estimado jefe de la larga migración, murió. Tras un periodo de luto, los mexicas se reunieron para decidir quién sería el próximo líder de su incipiente ciudad. Tendría que ser alguien que se ganara el respeto de las ciudades-estado circundantes y mantuviera vínculos con la élite política de la región. Nadie de su propio grupo cumplía los criterios, así que empezaron a buscar más lejos, nada menos que en Culhuacán.

Así que, sí, hubo un horrible incidente en el que su sacerdote se vistió con la piel de la princesa de Culhuacán, lo que los llevó al exilio. Y sí, se habían aliado con los tepanecas para derrotar a Culhuacán y ponerla bajo control tepaneca. Pero a través de sus matrimonios con la realeza colhua, habían desarrollado importantes lazos de sangre.

Recordemos que el propio Coxcoxtli era hijo de una princesa mexica. La hija de Coxcoxtli, Atotoztli (no la que fue desollada), se había casado con Opochtli Iztahuatzin, un líder mexica, y había dado a luz a un hijo llamado Acamapichtli. Este niño era de linaje mexica, pero también de la realeza colhua, y también estaba emparentado con la tribu acolhua. A través de su linaje colhua, era descendiente de los toltecas. Los ancianos mexicas no podían pensar en un candidato mejor, con lazos con todas las personas adecuadas, para ser su próximo gobernante.

Acamapichtli, primer rey azteca (reinó 1376-1395). Del Códice Tovar[37]

Una delegación se dirigió a Texcoco para invitar a Acamapichtli a ser su gobernador, ¡y él aceptó! El joven de veinte años llegó a Tenochtitlan en 1376 y fue recibido con gran pompa. Acamapichtli estrechó lazos con los colhuas casándose con la hija del rey, y luego afirmó su posición en su nueva ciudad casándose con tres mujeres mexicas, cada una de una de las tres casas principales de Tenochtitlan. La dinastía azteca-mexica quedaba así establecida. Pronto se convertiría en múltiples ciudades-estado y, finalmente, en un gran imperio mesoamericano.

---

[37]https://commons.wikimedia.org/wiki/File:Acamapichtli,_the_First_Aztec_King_(Reigned_1376%E2%80%9395)_WDL6718.png

Capítulo 6: Las ciudades-estado aztecas

Durante los cincuenta años siguientes, gracias a una política inteligente, a la guerra y a astutas alianzas, los feroces mexicas alcanzaron la prominencia y se establecieron como una potencia política con dominio sobre otras ciudades-estado. Durante el reinado de sus tres primeros reyes, se centraron en consolidar su propia ciudad-estado de Tenochtitlan, al tiempo que ampliaban su tamaño y se embarcaban en enormes proyectos arquitectónicos. También empezaron a apoderarse de ciudades-estado más pequeñas que les pagarían tributos, les servirían de aliados contra fuerzas enemigas y les proporcionarían una fuente de comercio. En este capítulo exploraremos cómo empezaron a adquirir estas ciudades-estado y cómo estaban organizadas y relacionadas entre sí.

La ciudad mexica de Tenochtitlan se desarrollaba en una cultura mesoamericana más amplia que se centraba en la agricultura extensiva combinada con complejos centros urbanos densamente poblados. Estas grandes ciudades servían como centros religiosos, políticos y económicos para la población circundante. La mayoría de estas áreas urbanas formaban alianzas con otras ciudades; las ciudades más pequeñas y débiles se convertían en tributarias de las ciudades más grandes y poderosas. Los tributarios proporcionaban bienes y servicios, incluidos soldados mercenarios, junto con el pago de tributos a sus señores.

Guerreros mexicas: guerrero Águila a la izquierda y guerrero Jaguar a la derecha blandiendo un *macuahuitl* (garrote de madera con afiladas hojas de obsidiana). Del Códice Florentino[38]

En el caso de Tenochtitlan, los mexicas fueron inicialmente aliados y tributarios de la ciudad tepaneca de Azcapotzalco. Juntas, estas dos ciudades comenzaron a aumentar su poder. Mediante el suministro de guerreros para campañas militares exitosas, los mexicas permitieron que Azcapotzalco se convirtiera en un imperio con un gran poder regional. El emperador tepaneca Tezozómoc apreciaba enormemente el apoyo de Tenochtitlan y comenzó a conceder a los mexicas parte del tributo a medida que conquistaban juntos otras ciudades-estado. Con el tiempo, Tenochtitlan se convirtió en una ciudad-estado por derecho propio.

En el sistema político de la época, un *tlatoani* era el rey de una ciudad-estado, y un *huey tlatoani* era el gobernante de una ciudad-estado que

---

[38]https://commons.wikimedia.org/wiki/File:Historia_general_de_las_cosas_de_Nueva_Espa%C3%B1a_vol._1_folio_74v_(cleared_up).png

tenía otras ciudades como tributarias bajo su mando (algo así como un emperador sobre un imperio). Cuando Acamapichtli llegó a Tenochtitlan para gobernar, su estatus era el de *cihuacóatl* o gobernador, ya que Tenochtitlan aún se estaba convirtiendo en una ciudad propiamente dicha. En los siete años siguientes, a medida que Tenochtitlan crecía en poder y en estima, fue finalmente reconocida como ciudad-estado (aunque seguía siendo tributaria de los tepanecas). En 1382, Acamapichtli fue coronado *tlatoani* (rey) de Tenochtitlan, con gran fanfarria.

Mientras los tepanecas de Azcapotzalco, con sus aliados de Tenochtitlan, ampliaban su base de poder en las orillas occidentales del lago de Texcoco, la ciudad acolhua de Texcoco se convertía en un importante contendiente en el lado noreste del lago. Cuando estalló la guerra entre Azcapotzalco y Texcoco, los mexicas lucharon con sus aliados tepanecas, y juntos conquistaron Texcoco.

Durante el reinado de Acamapichtli, los guerreros mexicas siguieron luchando con los tepanecas contra otras ciudades-estado. Con el tiempo, se les permitió emprender sus propias expediciones. En estas campañas militares, conquistaron la ciudad tlahuica de Cuauhnáhuac y Xochimilco al sur, ¡convirtiéndolas en sus primeros estados tributarios! Tlahuica y Xochimilco eran dos de las siete tribus de Aztlán, por lo que los mexicas estaban construyendo la base del poder azteca.

La isla pantanosa en la que se encontraba Tenochtitlan se amplió durante el reinado de Acamapichtli transportando tierra y rocas para construir la isla original y construyendo una calzada hasta una isla cercana. Como ciudad insular, Tenochtitlan carecía de tierras para cultivar alimentos suficientes para la población. Acamapichtli amplió las *chinampas* (jardines flotantes) alrededor de la ciudad. Después de que Xochimilco se convirtiera en una ciudad tributaria, los xochimilcas enviaban frutas y verduras a Tenochtitlan desde sus propios jardines flotantes en el sur.

Ilustración de Tenochtitlan mostrando la calzada y el Templo Mayor[39]

Los mexicas empezaron a sustituir sus casas de caña por casas de piedra, madera y marga. Acamapichtli desarrolló la ciudad en cuatro distritos centrados alrededor del gran complejo del templo, que incluía el Templo Mayor, una alta pirámide con dos templos en la cima. El Templo Mayor fue reconstruido en numerosas ocasiones a lo largo de los años, haciéndose cada vez más alto. El complejo del templo también contaba con una cancha de pelota y un estante de calaveras, y estaba rodeado por los palacios de la élite. Los canales que recorrían la ciudad facilitaban el transporte. Los antropólogos han calculado que la población de Tenochtitlan en su apogeo era de 200.000 habitantes.

Como líder político, Acamapichtli construyó astutamente la fortaleza mexica mediante la formación de alianzas con otros clanes rivales en lugar de luchar contra ellos. Mantuvo relaciones estables con el emperador tepaneca Tezozómoc pagando puntualmente el tributo exigido. Una vez, estando en Azcapotzalco, la ciudad de Tezozómoc, Acamapichtli compró una hermosa mujer en el mercado de esclavos. Con esta esclava tuvo un hijo llamado Itzcóatl, que se convirtió en *tlatoani* de Tenochtitlan en 1427, después de que el hijo mayor de Acamapichtli, Huitzilíhuitl, y su nieto Chimalpopoca reinaran como reyes de Tenochtitlan.

Acamapichtli murió joven, en torno a los cuarenta años. Antes de morir, quiso resolver la cuestión de su sucesor. La costumbre de los

---

[39] https://commons.wikimedia.org/wiki/File:El_templo_mayor_en_Tenochtitlan.png

mexicas era elegir a sus líderes. Los ancianos tomaban esta decisión y, por lo general, el siguiente gobernante pertenecía a la familia real, pero no necesariamente era el hijo mayor. Podía ser un sobrino u otro pariente. Desde su lecho de muerte, Acamapichtli convocó a los jefes de los cuatro distritos de Tenochtitlan. Les comunicó que quería que continuaran con la costumbre de elegir a sus líderes.

Los cuatro jefes celebraron un consejo y eligieron al hijo mayor de Acamapichtli, Huitzilíhuitl, que solo tenía dieciséis años. Acamapichtli aprobó esta elección antes de morir. Huitzilíhuitl, un joven perspicaz, sabía que sus detractores podrían cuestionar su elección, realizada por solo cuatro líderes. Ordenó una nueva elección con un grupo más amplio de sacerdotes, ancianos y jefes guerreros para que emitieran sus votos y volvió a ganar, consolidando su derecho al trono.

Huitzilíhuitl asumió el trono en 1395 y gobernó hasta 1417. El *Códice Aubin* señala que en el año en que Huitzilíhuitl accedió al trono, un enjambre de saltamontes asedió la zona, provocando un año de hambruna. Mantuvo relaciones amistosas con el emperador tepaneca Tezozómoc de Azcapotzalco, casándose con su hija Ayauhcihuatl. Después de esto, Tezozómoc redujo los pagos de tributo de Tenochtitlan a un nivel nominal. Huitzilíhuitl y Ayauhcihuatl tuvieron un hijo llamado Chimalpopoca, que se convirtió en el siguiente *tlatoani*. Otra esposa, Miahuaxihuitl, dio a luz a Moctezuma I, que más tarde se convirtió en el *Huey Tlatoani* de los aztecas (*Huey Tlatoani*, no solo *tlatoani*, ya que para entonces Tenochtitlan era un imperio).

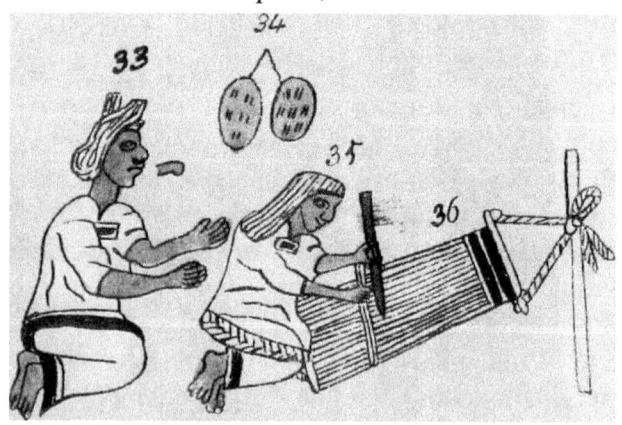

Madre enseñando a su hija a tejer algodón[40]

---

[40] https://commons.wikimedia.org/wiki/File:The_American_Museum_journal_(c1900-(1918))_(18162300141).jpg

Huitzilíhuitl, un líder sabio, continuó la política de su padre de establecer alianzas pacíficas con los estados vecinos. Durante su reinado, el tejido de algodón se convirtió en una industria importante. Anteriormente, la gente había usado ropa hecha de fibra de maguey (agave), que era áspera, como la arpillera. Ahora podían usar algodón suave y fresco, que podía teñirse con los colores brillantes que tanto gustaban a los mexicas. La industria algodonera era tan productiva que exportaban algodón a Azcapotzalco y a Cuauhnáhuac, su ciudad vasalla en el extremo sur.

Cuando el gobernante de la ciudad de Texcoco murió en 1409, su hijo Ixtlilxóchitl se convirtió en *tlatoani* y rápidamente empezó a desafiar el *statu quo*. La participación de los mexicas fue complicada. Décadas antes, se habían aliado con los tepanecas en una guerra contra Texcoco y habían ganado. En ese momento, Texcoco se había convertido en una ciudad tributaria de Azcapotzalco. El nuevo gobernante Ixtlilxóchitl continuó pagando tributo a la ciudad tepaneca, pero cuando el emperador Tezozómoc de Azcapotzalco le ofreció a su hija en matrimonio, eligió en su lugar a la hija de Huitzilíhuitl, Matlalcihuatzin.

Ixtlilxóchitl se proclamó entonces «señor de los chichimecas», invitando a su suegro mexica Huitzilíhuitl a convertirse en su aliado contra Tezozómoc de Azcapotzalco. Eso significaba que Huitzilíhuitl tenía que elegir entre su suegro Tezozómoc y su nuevo yerno. Huitzilíhuitl eligió a su viejo aliado Tezozómoc.

Enfadado por el desaire a su hija y la insubordinación de Ixtlilxóchitl, el emperador Tezozómoc dirigió su ejército, junto con guerreros mexicas, para atacar Texcoco. Al cabo de dos años, las fuerzas conjuntas de tepanecas y mexicas conquistaron Texcoco y mataron a Ixtlilxóchitl. Como recompensa por la lealtad de los mexicas, el emperador Tezozómoc entregó Texcoco a Tenochtitlan como tributaria. Texcoco era una ciudad de la tribu acolhua, parientes de los mexicas de Aztlán. Ahora las ciudades de tres tribus aztecas —Acolhua, Tlahuica y Xochimilco— eran tributarias de los mexicas. Su colección de ciudades-estado crecía.

Al igual que su padre, Huitzilíhuitl murió joven, con solo 38 años. Su hijo Chimalpopoca, de veinte años, asumió el trono en 1417 y gobernó hasta 1427, solo diez años. Uno de sus logros fue cumplir el sueño de su padre de construir un acueducto para llevar agua dulce a Tenochtitlan. Aunque estaban en una isla dentro de un lago, las fuentes termales que rodeaban la isla salinizaban el agua. Los lagos de conexión y otras partes del lago de Texcoco se alimentaban de manantiales de agua dulce, por lo que los mexicas tenían que obtener agua potable de allí o de tierra firme. El abuelo materno de Chimalpopoca, el emperador Tezozómoc de Azcapotzalco, colaboró en el proyecto de construcción de un acueducto de madera desde Chapultepec hasta Tenochtitlan. Chimalpopoca también construyó una calzada hasta Tlacopan, en tierra firme, con puentes que podían levantarse por la noche o cuando se viera amenazada por una invasión.

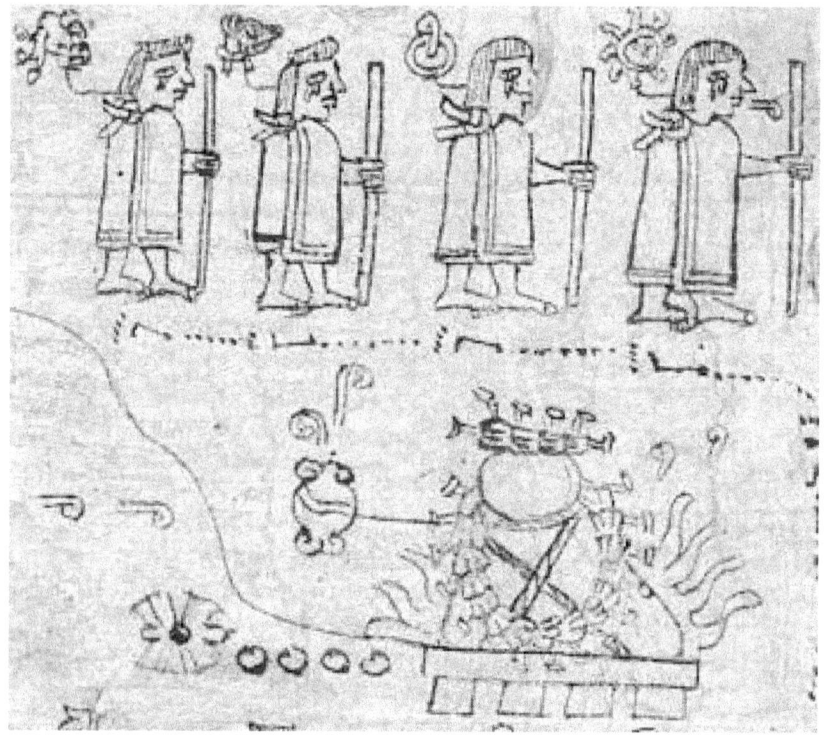

Pira funeraria del emperador Tezozómoc, del Códice Xólotl[41]

La muerte de Chimalpopoca, cuando solo tenía treinta años, estuvo rodeada de intriga. ¿Fue un suicidio o un asesinato asociado a un golpe de Estado? Su abuelo Tezozómoc, emperador tepaneca, murió en 1427. El hijo de Tezozómoc, Tayatzin, tío de Chimalpopoca por parte de madre, sucedió a su padre. A los pocos días, Maxtla, el hermano mayor de Tayatzin, organizó una rebelión y le arrebató el trono. Chimalpopoca se unió a Tayatzin para recuperar el trono de Azcapotzalco. Tayatzin murió en la lucha, y los guerreros de Azcapotzalco invadieron Tenochtitlan,

---

[41] https://commons.wikimedia.org/wiki/File:Tezozomoc_funeral.jpg

capturaron a Chimalpopoca y lo llevaron de vuelta a Azcapotzalco, donde fue encerrado en una jaula. O bien se suicidó ahorcándose con su cinturón, o fue estrangulado por sus captores tepanecas.

Sin embargo, algunos eruditos creen que murió a manos de su tío mexica Itzcóatl, que le sucedió como gobernante de Tenochtitlan. Dicen que Itzcóatl era el líder encubierto de una fuerza rebelde secreta que había estado conspirando contra sus señores y antiguos aliados, los tepanecas. Como nieto de Tezozómoc, que había ayudado generosamente con el acueducto y de otras formas, Chimalpopoca era leal a los tepanecas. Estos eruditos creen que fue asesinado en secreto por su tío Itzcóatl, y que su muerte fue atribuida a los tepanecas.

Independientemente de cómo murió Chimalpopoca, la saga entre Tenochtitlan y Azcapotzalco continuó, terminando en la Triple Alianza, que trataremos en el próximo capítulo. Por ahora, repasemos más sobre la cultura de las ciudades-estado en el valle de México para entender mejor el desarrollo del Imperio azteca.

Los mexica-aztecas comenzaron a convertirse en un imperio a través de la conquista militar, el comercio y la formación de valiosas alianzas. Instalaron gobernantes amigos en los territorios que conquistaron y se casaron con las dinastías gobernantes. Los *altépetl* o ciudades-estado que cayeron bajo su control pudieron, por lo general, conservar sus propios líderes y religión, pero tuvieron que apoyar al creciente Imperio mexica y al *tlatoani* de Tenochtitlan mediante el pago de tributos. También tenían que incluir al dios mexica Huitzilopochtli en el culto a sus deidades. Si no lo hacían, el ejército mexica atacaba la ciudad y destruía los templos y otros edificios. Huelga decir que esto generó resentimiento en algunas de sus ciudades tributarias.

Los *altépetl* (ciudades-estado) del creciente imperio mexica-azteca estaban organizados en un sistema jerárquico. Cada *altépetl* tenía su propio *tlatoani* (rey), que gobernaba a los nobles y plebeyos de su territorio. Cada ciudad-estado tenía su propia capital, que era el eje del comercio y el centro de la actividad religiosa, alrededor de la cual se extendían las tierras agrícolas y los pueblos y aldeas más pequeños.

La mayoría de las ciudades-estado estaban marcadas por una identidad étnica específica, aunque todas eran multiétnicas y hablaban varias lenguas. La *lingua-franca* (lengua común) de todas las ciudades-estado bajo control mexica era el náhuatl, el grupo lingüístico de las tribus aztecas, así como de las tribus chichimecas y de los descendientes del Imperio tolteca.

La palabra *tlatoani* para el gobernante de la ciudad-estado significa literalmente el que habla, lo que indica que era un representante de su pueblo. El *tlatoani* no solo era el líder político, sino también el sumo sacerdote y comandante en jefe de su ciudad-estado. Se lo consideraba propietario de todas las tierras del *altépetl* y recibía tributos de estas tierras, así como de las ciudades y aldeas más pequeñas. Supervisaba los mercados y los templos y actuaba como juez para resolver las disputas que le planteaba el alto tribunal. Bajo el *tlatoani* estaba su segundo al mando, el *cihuacóatl*, que actuaba como juez principal del sistema judicial y nombraba a los jueces de los tribunales inferiores. El *cihuacóatl* era también el principal responsable financiero del *tlatoani*.

La mayoría de los *tlatoani* eran de sangre real, pero solían ser elegidos de entre cuatro candidatos por un consejo de nobles, guerreros y sacerdotes. Una vez elegido, el *tlatoani* era vitalicio y se le permitía tener varias esposas, lo que generaba muchos hijos que continuaban su legado.

Cuatro guerreros aztecas, del Códice Mendoza[42]

Cuando una ciudad-estado defendía su territorio o participaba en una campaña militar contra otras ciudades-estado, el *tlatoani*, como comandante en jefe, creaba estrategias de guerra para su fuerza militar. Se basaba en la información que recibía de exploradores, espías y mensajeros que evaluaban la situación de la ciudad-estado rival en cuanto a la posición

---

[42] https://commons.wikimedia.org/wiki/File:Four_Aztec_Warriors_in_Drawn_in_Codex_Mendoza.jpg

del enemigo y los puntos fuertes y débiles. Se le informaba inmediatamente del éxito o fracaso de las escaramuzas y de las muertes o cautivos. El *tlatoani* también recababa el apoyo de las ciudades-estado amigas, enviándoles regalos y solicitando su ayuda.

Los plebeyos de las pequeñas ciudades y aldeas que rodeaban la capital de una ciudad-estado se subdividían en unidades más pequeñas llamadas *calpulli*. Cada *calpulli* tenía un *teuctli* (terrateniente) que gobernaba la región y distribuía la tierra entre los plebeyos, que solían ser parientes emparentados por matrimonios mixtos. El *teuctli* o terrateniente podía ser de origen plebeyo, pero solía ascender a la nobleza como representante de su calpulli ante las autoridades superiores.

Los campesinos no poseían sus propias tierras; se trataba más bien de un sistema feudal en el que los campesinos pagaban tributo a su terrateniente en forma de una parte de las cosechas de las tierras que les habían sido asignadas, y los comerciantes pagaban tributo con sus productos manufacturados, como telas y prendas de algodón, cestas, cerámica, herramientas e incluso papel. Los arqueólogos calculan que un *altépetl* típico tenía entre 10.000 y 15.000 habitantes en un área de entre 50 y 50 kilómetros cuadrados.

Los mexicas desalentaron las conexiones entre sus ciudades-estado tributarias, limitando la comunicación y el comercio entre las ciudades-estado, prefiriendo que dependieran de Tenochtitlan como su principal socio comercial. Esto hizo a Tenochtitlan más poderosa como principal centro comercial de la región del lago Texcoco. También ayudó a asegurar el poder mexica. Si las ciudades-estado empezaban a relacionarse entre sí, a entablar relaciones amistosas, a comerciar y a casarse, podrían aliarse y desafiar a sus señores mexica-aztecas.

Cada *altépetl* era su propia unidad política, separada de las demás ciudades-estado. Las guerras eran frecuentes entre las ciudades-estado tributarias de los mexica-aztecas, sobre todo si una de ellas era de habla náhuatl y la otra pertenecía a otra etnia.

Los mexica-aztecas siguieron conquistando otras ciudades-estado mesoamericanas y expandiendo su imperio. En 1430 se formó la Triple Alianza entre tres poderosas ciudades: Tenochtitlan, Texcoco y Tlacopan (como veremos en el próximo capítulo). En ese momento, las tierras que antes habían formado parte del Imperio tepaneca se dividieron entre las tres ciudades, por lo que cada una ganó más territorio. El Imperio mexica-azteca gobernó la mayor parte de las ciudades-estado alrededor del lago de Texcoco, incluyendo Azcapotzalco, Culhuacán, Chapultepec, Coyoacán, Chalca, Tenayuca y Xochimilco.

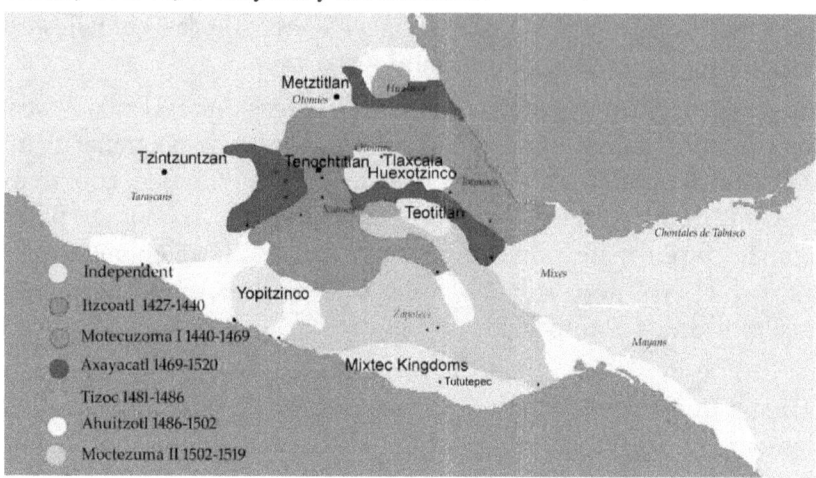

Expansiones de varios gobernantes mexica-aztecas[48]

Tras la formación de la Triple Alianza, el imperio continuó su expansión hacia zonas fuera del valle de México, adquiriendo Huaxtepec, al sur, en el actual estado de Morelos, y Oaxaca aún más al sur. Conquistaron Tlaxcala y Cholula, en el valle de Puebla. El imperio llegó a extenderse desde el océano Pacífico hasta el golfo de México y tan al sur como Guatemala. Tenochtitlan gobernaba aproximadamente 500 pequeñas ciudades-estado con hasta seis millones de habitantes que abarcaban más de 80.000 millas cuadradas. Cuando los nómadas mexicas soñaban con gobernar un imperio, probablemente nunca imaginaron lo extenso que llegaría a ser algún día.

---

[48] https://commons.wikimedia.org/wiki/File:Aztecexpansion.png

Capítulo 7: La Triple Alianza

Su nombre significaba serpiente de obsidiana, una descripción adecuada para el cuarto *tlatoani* de Tenochtitlan. La obsidiana era el vidrio volcánico negro que los chichimecas utilizaban para las flechas, tan afilado que penetraba las armaduras de cota de malla de los españoles. Itzcóatl era como una serpiente, que pasaba desapercibida entre la hierba hasta que se presentaba la oportunidad de asestar un golpe letal.

Su padre era Acamapichtli, el primer *tlatoani* de Tenochtitlan. Pero Itzcóatl era hijo menor, y su madre era esclava. Mientras reinaba su hermanastro Huitzilíhuitl, y después cuando reinó el hijo de Huitzilíhuitl, Chimalpopoca, Itzcóatl permaneció en la sombra, formando silenciosamente alianzas con otros hijos reales de ciudades cercanas —los hijos más jóvenes, nacidos de esposas o concubinas sin importancia. Mientras tramaba en secreto su rebelión contra los señores tepanecas de los mexicas, Itzcóatl buscó alianzas con las principales familias de Tlacopan y Texcoco, pequeñas ciudades-estado oprimidas por Azcapotzalco.

El caos que siguió a la muerte del emperador tepaneca Tezozómoc dio a Itzcóatl la oportunidad de manejar la situación a su favor. Mientras los herederos de Tezozómoc se enzarzaban en una lucha desesperada por el trono tepaneca, la misteriosa muerte del sobrino de Itzcóatl, Chimalpopoca, abrió la puerta para que Itzcóatl asumiera el trono mexica. El exitoso juego de poder de Itzcóatl acabó provocando la caída de Azcapotzalco, la ciudad más poderosa del valle de México. Cuando Azcapotzalco cayó, nació el Imperio azteca.

Los acontecimientos que condujeron a la gran batalla de Azcapotzalco comenzaron con un golpe de estado en la ciudad tepaneca de Azcapotzalco, en el que Maxtla arrebató el trono a su hermano. Días después, en Tenochtitlan, Itzcóatl se convirtió en *tlatoani*. Las dos ciudades habían sido fuertes aliadas desde la fundación de Tenochtitlan, y los mexicas ayudaron al ascenso de Azcapotzalco como la ciudad-estado más fuerte del valle de México. Tenochtitlan era técnicamente una ciudad tributaria de Azcapotzalco, pero el antiguo emperador había reducido el pago de tributos a una cantidad nominal en agradecimiento por el leal apoyo de los mexicas.

Ahora, Maxtla, el nuevo *Huey Tlatoani* tepaneca, bloqueó Tenochtitlan, cortó su suministro de agua dulce y exigió mayores pagos de tributo. La ciudad acolhua de Texcoco también fue víctima de las despóticas exigencias de Maxtla. El rey de Texcoco, Nezahualcóyotl el poeta, era mitad acolhua y mitad mexica, nieto de Huitzilíhuitl, segundo rey de Tenochtitlan. Al enterarse de que Maxtla planeaba matarlo, Nezahualcóyotl huyó de Texcoco. Mientras estaba en el exilio, tuvo una epifanía, que fue registrada más tarde por su bisnieto Juan Bautista Pomar:

«Verdaderamente los dioses que adoro son ídolos que no hablan ni sienten... algún dios inmensamente poderoso y desconocido es el creador de todo el universo. Él es el único que puede consolarme en mi aflicción y socorrerme en tanta angustia como siente mi corazón; quiero que sea mi amparo y protección».

Nezahualcóyotl (1402-1472), gobernante de Texcoco, del Códice Ixtlilxóchitl[44]

Una vez que Nezahualcóyotl recuperó el poder en Texcoco, construyó una pirámide y escribió himnos al *dios desconocido de todas partes, dador de vida y sin par*. Pero ese día aún no había llegado. Por el momento, Nezahualcóyotl necesitaba reunir apoyo para su ciudad. Encontró un aliado en la ciudad tolteca-chichimeca de Huexotzinco, muy al este. Su rey aceptó ayudar a Nezahualcóyotl en su lucha contra Maxtla.

Mientras tanto, Itzcóatl, que ya era amigo de Texcoco y Huexotzinco, pedía apoyo a otro amigo, el *tlatoani* de Tlacopan. Esta era una pequeña

---

[44] https://commons.wikimedia.org/wiki/File:Nezahualcoyotl.jpg

ciudad tepaneca que pertenecía a la ciudad-estado de Azcapotzalco, pero habían apoyado al bando perdedor en la guerra civil por la sucesión en Azcapotzalco. Temiendo la ira de Maxtla, decidieron unir fuerzas con Itzcóatl y los mexicas de Tenochtitlan.

Nezahualcóyotl, al darse cuenta de que varias ciudades-estado se preparaban para resistir a Maxtla y Azcapotzalco, imaginó brillantemente una coalición formando una fuerza militar masiva para acabar con el feroz y poderoso imperio tepaneca. Esta alianza estaba formada por Tenochtitlan, Texcoco, Huexotzinco, Tlacopan y Tlatelolco (una pequeña ciudad hermana mexica justo al lado de Tenochtitlan). Más de 100.000 guerreros formaron el ejército de coalición en 1428 para hacerse con el bastión tepaneca de Azcapotzalco.

El ejército formó tres divisiones que recuperaron tres de las ciudades acolhuas del reino de Texcoco: Otumba y Acolman al norte, y Coatlinchán al sur. Ahora Nezahualcóyotl marchó a su propia ciudad de Texcoco y derrotó a los tepanecas, mientras que otra división se hizo con el control de Acolhuacan. Una vez aseguradas la mayoría de las ciudades del reino de Texcoco, Nezahualcóyotl reclamó su corona mientras la coalición continuaba atacando puestos tepanecas aislados.

Batalla de Azcapotzalco, del Códice Tovar, con guerreros jaguar y otros combatientes. A la derecha, un sacerdote sacrifica a un niño pequeño mientras otras dos víctimas yacen en el suelo[45]

---

[45] https://commons.wikimedia.org/wiki/File:The_Battle_of_Azcapotzalco_WDL6746.png

Los guerreros de la coalición se dirigieron entonces hacia las orillas occidentales del lago Texcoco, hacia la capital tepaneca de Azcapotzalco. Tras un asedio de 112 días, derrocaron la gran ciudad, incendiándola y masacrando a la población. El Imperio tepaneca, del que todas habían sido ciudades tributarias, fue finalmente conquistado. Esto convirtió a las tres principales, Tenochtitlan, Texcoco y Tlacopan, en ciudades-estado independientes. Mediante un golpe de estado coordinado, consiguieron la libertad y ejercieron un enorme poder sobre el centro de México durante casi 100 años. De esta coalición nacería la Triple Alianza.

Una vez derrocado el Imperio tepaneca, los guerreros de Huexotzinco regresaron a su hogar en el este. Las tres grandes potencias —la ciudad mexica de Tenochtitlan, la ciudad acolhua de Texcoco y la ciudad tepaneca de Tlacopan— formaron un tratado llamado la Triple Alianza. Estas tres tribus formaban parte de las siete tribus originales de las cuevas de Aztlán. Estas tribus aztecas dieron origen al Imperio azteca, que pronto se extendería desde el océano Pacífico hasta el golfo de México.

Las tierras del Imperio tepaneca se dividieron entre las tres ciudades conquistadoras. Parte de su acuerdo consistía en seguir conquistando otras ciudades con el ejército de la coalición. Las nuevas tierras que adquirieran serían propiedad conjunta de las tres ciudades. Los tributos de las ciudades conquistadas se dividirían en una quinta parte para Tlacopan y dos quintas partes para Tenochtitlan y Texcoco. Cada uno de los tres reyes de la alianza se turnaría como *Huey Tlatoani* (emperador) del imperio consolidado, ostentando temporalmente el poder legal sobre los otros dos.

Territorio de la Triple Alianza, con un recuadro que muestra la ubicación de tres ciudades principales: Tenochtitlan, Texcoco y Tlacopan. Las zonas sombreadas indican las ciudades-estado que pagaban tributo al Imperio azteca. Xoconochco, en la frontera con Guatemala, estaba a cientos de kilómetros de otras ciudades-estado aztecas[46]

Ese mismo año, las fuerzas de la alianza conquistaron Culhuacán y Huitzilopochco. Con el objetivo de controlar todas las ciudades-estado de la región del lago de Texcoco, el ejército de la coalición conquistó Xochimilco e Iztapalapa en 1430, y Mixquic dos años más tarde. Los únicos que resistieron fueron los chalcas, derrotados en 1465, y Tlatelolco en 1473.

El principal artífice de la Triple Alianza fue el sobrino de Itzcóatl, Tlacaélel, hijo del rey Huitzilíhuitl. Tlacaélel recibió el título de *cihuacóatl*. Ahora que la ciudad-estado de Tenochtitlan se había convertido en parte de un vasto imperio, el *Huey Tlatoani* (emperador) servía como ejecutivo sobre los asuntos externos del imperio: guerra, expansión, tributo y diplomacia. El *cihuacóatl* gestionaba los asuntos internos del imperio y podía ejercer gran influencia y poder en este cargo.

---

[46] Aztec Empire 1519 map-fr.svg: Keepscases & Sémhurderivative work: Rowanwindwhistler, CC BY-SA 4.0 <https://creativecommons.org/licenses/by-sa/4.0>, vía Wikimedia Commons https://commons.wikimedia.org/wiki/File:Aztec_Empire_1519_map-es.svg

Tlacaélel trabajó diligentemente para moldear la autoidentidad mexica como el pueblo elegido llamado por el dios Huitzilopochtli para conquistar y gobernar otras tierras. El pueblo del Imperio azteca adoraba a muchos dioses, pero Tlacaélel forzó la adoración de Huitzilopochtli como dios principal entre todos los pueblos del imperio. Tlacaélel también se esforzó por borrar los recuerdos anteriores a la conquista de las ciudades-estado conquistadas quemando sus crónicas históricas. Incluso quemó las crónicas de los mexicas, aparentemente porque no apoyaban la narrativa de la identidad azteca que pretendía cultivar.

Al igual que otras culturas mesoamericanas, los sacrificios humanos habían formado parte de la cultura mexica desde que abandonaron Aztlán, pero una vez que Tenochtitlan obtuvo el dominio en la Triple Alianza, Tlacaélel elevó la escala de los sacrificios humanos a cifras espantosas para saciar a los dioses y que los mexicas pudieran mantener el poder. Estos sacrificios diarios a gran escala exigían víctimas, muchas víctimas.

Guerreros aztecas, del Códice Florentino[47]

---

[47] https://commons.wikimedia.org/wiki/File:Aztec_warriors.png

En el pasado, los mexicas habían sacrificado prisioneros de guerra, pero se estaban quedando sin ellos cuando conquistaron la mayor parte de los territorios cercanos. En consecuencia, Tlacaélel tuvo la idea de las *guerras floridas*. Se trataba de guerras rituales y reglamentadas destinadas a que ambos bandos capturaran suficientes guerreros para satisfacer sus necesidades de sacrificios. Los principales enemigos de los aztecas eran los tlaxcaltecas, un pueblo que los aztecas nunca conquistaron, junto con varios otros grupos de la zona de Puebla, entre ellos los cholula. Tlacaélel negoció un acuerdo entre Tenochtitlan y Tlaxcala para participar en un tipo de guerra en la que los soldados capturaban a los enemigos en lugar de matarlos. Una vez que cada bando había capturado suficientes guerreros para los sacrificios, la batalla terminaba. Estas batallas eran preestablecidas por los líderes de ambos bandos cada veinte días. Las guerras floridas eran normalmente con los tlaxcaltecas, pero ocasionalmente con Cholula u otras ciudades.

Con un frente unido, la Triple Alianza expandió rápidamente su territorio a medida que conquistaba una ciudad tras otra. El dominio del Imperio sobre estas ciudades conquistadas era hegemónico (indirecto). Si el gobernante de la ciudad accedía a sus demandas, podía seguir siendo *tlatoani* y disfrutar de la protección de la Triple Alianza, de la estabilidad política y la mejora económica que ello conllevaba. Solo tenía que pagar tributo a la Alianza dos veces al año y suministrar guerreros para sus campañas militares. Las ciudades conquistadas mantuvieron su autonomía local y llevaron a cabo sus asuntos locales como antes, incluidas sus propias religiones, pero tuvieron que añadir al dios mexica Huitzilopochtli como deidad principal.

En ocasiones, el *tlatoani* de una ciudad conquistada se negaba a someterse a los requisitos de la Triple Alianza. Una estrategia que utilizaban los aztecas con este problema era sustituir a los líderes que no cooperaban por un gobernador que no perteneciera a la familia real. Otra era gravar directamente a la población y dejar al rey fuera de la ecuación. Una tercera forma era sobornar al *tlatoani* con tributos de otra ciudad lejana si continuaba sumiso al imperio. Si este tipo de persuasión no funcionaba, y una ciudad seguía luchando contra el imperio o matando a sus delegados, los aztecas destruían la ciudad. Esto ocurrió con los huastecos al este. Como siguieron luchando ferozmente sin rendirse, las fuerzas aliadas mataron a la mayoría de los habitantes de la zona, incluso a los ancianos, los niños y las mujeres.

Las ciudades de la Triple Alianza presentaban una coalición militar desalentadora, pero también estaban surgiendo económicamente. Allí donde ya existían relaciones comerciales, las ampliaban, con el efecto final de que las tres ciudades gobernantes del lago de Texcoco eran el centro de un eje comercial que se extendía por todo el valle de México y más allá. Para reforzar sus lazos, se casaban entre sí dentro de los tres estados gobernantes y cultivaban alianzas matrimoniales con las familias reales de las ciudades que conquistaban.

Una vez alcanzada la paz en la región del lago de Texcoco, las tres ciudades gobernantes del Imperio se dedicaron a reformar y desarrollar sus ciudades. En Tenochtitlan se construyeron escuelas en todos los barrios. Los plebeyos tenían escuelas telpochcalli, que impartían instrucción básica en religión y proporcionaban a los niños entrenamiento militar. Las escuelas calmécac estaban destinadas a la nobleza y a los plebeyos que parecían candidatos prometedores para el sacerdocio o como artesanos. Se promulgaron leyes para definir claramente la distinción entre nobles y plebeyos, así como conceder privilegios a guerreros y sacerdotes. Se estableció un sistema de tribunales y jueces, con niveles de castigo para diversos delitos.

Presas diseñadas por Nezahualcóyotl para Tenochtitlan

https://commons.wikimedia.org/wiki/File:Dique_Nezahualc%C3%B3yotl_primer_mapa_de_Tenochtitlan.png

En Texcoco, Nezahualcóyotl estaba transformando su ciudad en un centro cultural al tiempo que ganaba fama como ingeniero y arquitecto. Consultó con los mexicas sobre los mejores planes para construir un acueducto más grande hacia Tenochtitlan, utilizando su genio de ingeniero para idear una presa y un sistema de diques para controlar las inundaciones, además de separar el agua salobre del agua dulce alrededor de Tenochtitlan. En su propia ciudad, Texcoco, construyó templos y un exquisito palacio en la ladera de un acantilado, con un sistema de riego para llenar sus bañeras con vistas a la ciudad.

Bañeras con vistas a la ciudad diseñadas por Nezahualcóyotl[48]

Nezahualcóyotl era conocido por reunir *tlamatini* (alguien que sabe algo) en Texcoco. Se trataba de eruditos, sabios, astrónomos, sabios y filósofos, algo así como los Reyes Magos de Persia. Bajo su liderazgo, Texcoco floreció e influyó en el renacimiento cultural de todo el Imperio azteca.

Nezahualcóyotl desdeñaba los sacrificios de sangre diarios de Tenochtitlan. En 1467, año de la primera semilla del calendario azteca, se reconstruyó y consagró en Tenochtitlan el gran templo del dios Huitzilopochtli. Según consta en el *Códice Ixtlilxóchitl* de su descendiente Fernando de Alva Cortés Ixtlilxóchitl, Nezahualcóyotl profetizó: «En un año como este, este templo, ahora nuevo, será destruido... entonces la tierra disminuirá; los cacicazgos terminarán».

El calendario azteca era una rotación de 52 cañas o años, por lo que el año siguiente una caña era 1419. Este fue el año en que Hernán Cortés entró por primera vez en Tenochtitlan; dos años más tarde, la gran ciudad cayó en manos de los españoles.

En su propia ciudad de Texcoco, Nezahualcóyotl construyó una gran pirámide, en cuya cima había un templo de nueve pisos de altura, dedicado a *Tloque Nahauque, el dios desconocido, el creador increado y autoexistente de todas las cosas, dador de vida*. No permitía imágenes ni

---

[48] Misaelos, CC BY-SA 3.0 <https://creativecommons.org/licenses/by-sa/3.0>, vía Wikimedia Commons https://commons.wikimedia.org/wiki/File:Ba%C3%B1os_de_Nezahualcoyotl.JPG

ídolos ni sacrificios de sangre; solo se ofrecía incienso y flores. Al amanecer, al mediodía, al atardecer y a medianoche, sonaban instrumentos y Nezahualcóyotl rezaba.

Nezahualcóyotl escribió la primera codificación de leyes para su ciudad-estado, que abarcaba los derechos de propiedad, el crimen y la moralidad. Estas ochenta leyes exhaustivas y concisas parecían estrictas y los castigos duros, pero su código legal fue adoptado por otras ciudades-estado del Imperio azteca. Mientras Tenochtitlan quemaba libros y reescribía la historia, Texcoco preservaba las crónicas del pasado, con la pena de muerte para la falsificación deliberada de la verdad histórica.

Nezahualcóyotl puso en marcha un sistema de bienestar social para proporcionar alimentos y ropa a las viudas, los soldados heridos y los ancianos indigentes con cargo al tesoro real, junto con las tasas escolares para los huérfanos. Durante la gran sequía, proveyó de alimentos a sus ciudadanos con cargo al tesoro, tal vez porque pensaba que la sequía era culpa suya. Al igual que el hebreo David y Betsabé, se había enamorado perdidamente de la joven esposa de Cuacuahtzin, *tlatoani* de Tepechpan, una de sus ciudades menores. Envió a Cuacuahtzin al frente para luchar contra los tlaxcaltecas, donde fue asesinado; Nezahualcóyotl reclamó entonces a Azcalxóchitzin como esposa. Inmediatamente sobrevinieron plagas de langostas y una grave sequía que duró tres años, lo que Nezahualcóyotl consideró un castigo por sus pecados.

Coronación de Moctezuma I, quinto tlatoani de Tenochtitlan, del Códice Tovar[49]

---

[49] Juan de Tovar, ver página para licencia, vía Wikimedia Commons
https://commons.wikimedia.org/wiki/File:Moctezuma_I,_the_Fifth_Aztec_King.png

Aunque se suponía que las tres ciudades-estado de la Triple Alianza eran socios en pie de igualdad, Tenochtitlan se alzó con el dominio a medida que su población crecía hasta duplicar la de Texcoco. Cuando Itzcóatl murió en 1440, su sobrino Moctezuma I asumió el trono de Tenochtitlan, y Nezahualcóyotl viajó a Tenochtitlan para negociar la continuidad de la Triple Alianza. Los nuevos términos del tratado eran que Texcoco y Tlacopan reconocieran la supremacía de Tenochtitlan.

Nezahualcóyotl organizó una pseudo batalla en la que su ejército y los guerreros de Tenochtitlan se encontraron en el campo de batalla e intercambiaron insultos. A continuación, los guerreros de Texcoco huyeron hacia su ciudad perseguidos por los guerreros mexicas. En ese momento, Nezahualcóyotl encendió un gran fuego en la cima de la pirámide principal de Texcoco, simbolizando su reconocimiento del dominio de Tenochtitlan. A partir del reinado de Ahuízotl en 1486, los reyes de Tenochtitlan pasaron a llamarse *Huey Tlatoani* (emperador); los tres gobernantes de la Triple Alianza ya no se turnaban como jefe principal. El *Huey Tlatoani* de Tenochtitlan asumió la mayor parte de las tareas de dirección del Imperio azteca.

No obstante, las tres ciudades siguieron colaborando en campañas militares para conquistar y expandir aún más su imperio. El Imperio purépecha (tarasco), situado al noroeste, era la némesis del Imperio azteca. Los purépechas estaban expandiendo su propio territorio, lo que a veces implicaba reclamar tierras que los aztecas ya habían conquistado.

Cuando Nezahualcóyotl murió en 1472, su hijo Nezahualpilli asumió el trono de Texcoco; como su padre, era poeta y buscador de la sabiduría. Cuando Moctezuma II subió al trono de Tenochtitlan en 15012, Nezahualpilli le advirtió de que sus *tlamatini* (sabios) habían recibido la profecía de que los extranjeros dominarían el valle de México. Moctezuma lo dudó y le retó a un juego de pelota para poner a prueba la profecía. Cuando Moctezuma perdió, temió que el presagio fuera cierto. Y así fue. Dos años después de la muerte de Nezahualpilli, en 1515, el explorador Francisco Hernández de Córdoba desembarcó en la costa de Yucatán, lo que supuso el principio del fin del Imperio azteca.

Capítulo 8: Guerra con los tarascos

Mientras los mexicas construían Tenochtitlan, otro imperio se desarrollaba en las altas montañas volcánicas del actual estado de Michoacán. Pronto se extendería hasta Jalisco y Guanajuato, llegando hasta el océano Pacífico. Nunca se llamaron tarascos. Eran los purépecha. Siempre fueron purépechas. La palabra tarasco vino siglos después, de una palabra para «cuñado»; la usaban burlonamente para los conquistadores que violaban a sus mujeres. Pero los españoles la retomaron y usaron este epíteto para los purépecha.

Islas del lago de Pátzcuaro[50]

---

[50] No se proporciona autor legible mecánicamente. Se presupone Gengiskanhg (basado en reclamaciones de derechos de autor)., CC BY-SA 3.0 <http://creativecommons.org/licenses/by-sa/3.0/>, vía Wikimedia Commons
https://commons.wikimedia.org/wiki/File:PatzcuaroLakeIslands_fromTheTopOfJanitzioIsland_PatzcuaroLake_MichoacanMexico.jpg

La cultura purépecha apareció en las cuencas lacustres de Zacapu, Cuitzeo y Pátzcuaro alrededor del año 500 a. e. c., donde se asentaron en islas de los grandes lagos (otro pueblo isleño más). Un grupo de habla náhuatl se unió a ellos varios siglos después, aportando una cultura de juegos de pelota y figurillas de *chac mool*. Los purépechas dijeron a los españoles que eran toltecas, aunque algunos arqueólogos creen que eran teotihuacanos. Es posible que estuvieran escapando de una serie de erupciones volcánicas en el centro de México en aquella época.

¿De dónde procedían los purépechas? Sus orígenes son desconcertantes, con una lengua y una cultura diferentes a las de cualquier otro pueblo de Mesoamérica. Desde el punto de vista lingüístico, su lengua es única y no está relacionada con el náhuatl ni con ninguna otra lengua de México. Algunos lingüistas encuentran un posible vínculo con los zuni de Nuevo México y Arizona o con la lengua quechua de los incas de Sudamérica. Su estilo de construcción y sus conocimientos avanzados de metalurgia compleja también apuntan a la influencia inca. ¿Estaban los purépechas relacionados de algún modo con los pueblos de los Andes sudamericanos?

Los estudios genéticos dicen que sí. En 2015, Nicolas Brucato y otros investigadores presentaron un estudio sobre el flujo genético de los nativos americanos entre Mesoamérica y los Andes; encontraron un claro componente andino, aunque minúsculo, en el genoma de los purépecha-tarascos (junto con los mayas, mixtecos y kaqchikel).

Dibujo de una balsa cerca de Guayaquil, Ecuador[51]

---

[51] https://en.wikipedia.org/wiki/Pre-Columbian_rafts#/media/File:Andean_raft_1748.jpg

En 1526, los exploradores españoles describieron los barcos o grandes balsas con velas de algodón que utilizaban los pueblos de Ecuador y Perú a lo largo de la costa del Pacífico, con capacidad para veinte hombres y 25 toneladas métricas de carga. Es concebible que sus rutas comerciales se extendieran por la costa del Pacífico hasta México. Aunque los primeros asentamientos de los purépechas se encontraban tierra adentro, utilizaban los sistemas fluviales que desembocaban en el Pacífico como importantes rutas comerciales. Los investigadores creen que pudieron haber tenido contacto con comerciantes sudamericanos a partir del año 650 e. c.

Aparte de los estudios arqueológicos y lingüísticos, nuestros principales conocimientos sobre los purépechas proceden de la *Relación de Michoacán*, una historia escrita en 1540 por el sacerdote franciscano fray Jerónimo de Acalá. Tradujo y registró los relatos de los nobles purépechas sobre su historia oral y sus tradiciones. También se conservan manuscritos pictográficos de su historia, como el *Lienzo de Jucutacuto*.

Estatuilla de coyote atribuida a la cultura purépecha-tarasca[52]

---

[52] No se proporciona autor legible mecánicamente. Se presupone que es Madman2001 (según los derechos de autor)., CC BY-SA 3.0 <http://creativecommons.org/licenses/by-sa/3.0/>, vía Wikimedia Commons
https://en.wikipedia.org/wiki/Tarascan_state#/media/File:Tarascan_Coyote_Statuette.jpg

Alrededor del año 1300, surgió un líder entre los purépecha-tarascos llamado Tariácuari, del clan uacúsecha (águila guerrera). Una noche, Tariácuari tuvo un sueño profético: una visión en la que reunía a todas las comunidades de los alrededores del lago de Pátzcuaro en un solo estado, fuerte y unido. Se alió con varias ciudades amigas cercanas y comenzó a conquistar sistemáticamente ciudades alrededor del lago, entregándolas a sus hijos y sobrinos para que las gobernaran. Tras la muerte de Tariácuari, su hijo Hiripan continuó con las campañas militares en torno al cercano lago de Cuitzeo.

A diferencia de los aztecas, los purépechas asimilaron las culturas de los pueblos conquistados a la suya propia. De hecho, eran tan diversos étnicamente que los purépechas eran minorías en sus propias ciudades. Al igual que los aztecas, los purépechas instituyeron un sistema tributario de las ciudades que conquistaban, con el pago de tributos en forma de trabajadores, soldados mercenarios y bienes. Cada vez más territorios fueron incorporados a un estado altamente centralizado a medida que duplicaban su tamaño. Los nuevos territorios aportaron una importante producción y comercio de productos agrícolas, minerales y cerámica. Todo giraba en torno a su capital, Tzintzuntzan, que se distinguía de otras antiguas ciudades mesoamericanas.

Pirámides redondas de yácata en Tzintzuntzan[58]

Tzintzuntzan contaba con asombrosos y singulares monumentos y una elaborada arquitectura religiosa y cívica. En la *Casa del Viento*, un centro cívico-ceremonial situado en una colina con vistas al lago de Pátzcuaro, se alzaban cinco *yácatas*: pirámides escalonadas redondeadas con forma de

---

[58] Thelmadatter, CC BY-SA 3.0 <https://creativecommons.org/licenses/by-sa/3.0>, vía Wikimedia Commons https://commons.wikimedia.org/wiki/File:4thYacatatztztz.JPG

ojo de cerradura. Estaban cubiertas con losas de piedra encajadas, como la mampostería utilizada por los incas sudamericanos.

En 1522, Tzintzuntzan contaba ya con 35.000 habitantes y la población total de la región lacustre ascendía a 80.000 habitantes repartidos en 90 pueblos y ciudades. A medida que la población crecía, se llevaron a cabo extensos proyectos de construcción de terrazas en las montañas circundantes para proporcionar tierras para la agricultura. Mientras conquistaban la cuenca del Balsas y Jalisco, los purépecha-tarascos controlaban la extracción de plata y oro, y contaban con hábiles artesanos para trabajar los metales preciosos. Fueron los primeros pueblos de México en utilizar el oro y los únicos que emplearon el bronce. Su conocimiento y artesanía de los metales valiosos era probablemente el mejor de toda la antigua Mesoamérica. Fueron los más importantes productores y comerciantes de estaño, bronce y cobre en México.

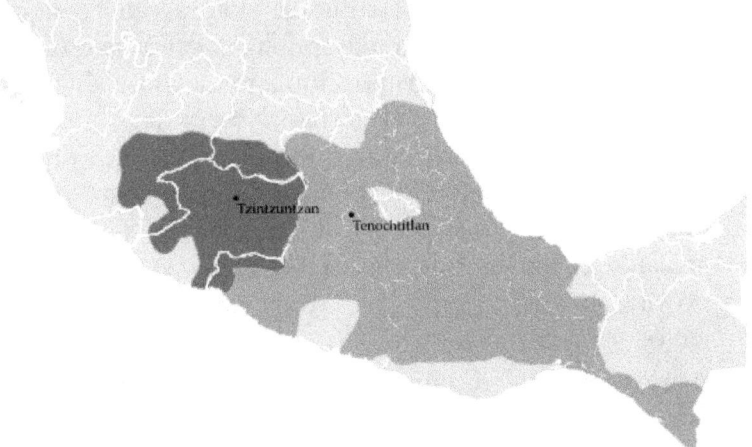

Mapa que muestra el Imperio purépecha-tarasco junto al Imperio azteca[54]

Con el tiempo, el creciente Imperio purépecha entró en conflicto directo con el Imperio azteca. Las dos potencias se estaban expandiendo simultáneamente, y ambas intentaban conquistar e incorporar el mismo territorio que se extendía a lo largo de la frontera noroeste del Imperio azteca y a lo largo de la frontera sureste del Purépecha. En competencia directa por la tierra y los recursos, cada uno bloqueaba los proyectos de expansión del otro.

Los purépecha-tarascos habían conquistado asentamientos y territorios solo para perderlos ante la expansión azteca, y lo mismo les ocurría a los

---

[54] https://commons.wikimedia.org/wiki/File:Tarascan_aztec_states.png

aztecas. A partir de 1440 y hasta la década de 1450, los purépechas se expandieron en zonas alejadas de las tierras aztecas y se desplazaron hacia el este, a la costa del Pacífico, donde adquirieron Zacatula. Después se expandieron por el valle de Toluca, así como hacia el norte, hasta lo que hoy es el estado mexicano de Guanajuato.

El Imperio purépecha administraba sus nuevos territorios fronterizos de forma diferente a como los aztecas mantenían sus ciudades tributarias. Los purépechas proporcionaban apoyo a estos territorios periféricos desde su núcleo, su capital de Tzintzuntzan. Enviaban recursos a sus territorios periféricos y también recibían de ellos, en un intercambio relativamente equitativo. En el Imperio azteca, se trataba más bien de una situación en la que se recibía, pero no necesariamente se devolvía. Los purépecha se dieron cuenta de que no podían agotar los recursos de sus provincias y se esforzaron por mantener relaciones cordiales con ellas.

Los purépechas animaban a las nuevas culturas que conquistaban a integrarse en la cultura purépecha más amplia, a llevar su estilo de ropa y a hablar su lengua. Si los otros grupos humanos se asimilaban a la cultura dominante, eran considerados purépechas. No era tanto una cuestión de nacimiento como de estilo de vida. No trazaban una línea divisoria entre conquistadores y conquistados. Su política era más suave que la de los aztecas, que no se preocupaban por la asimilación y gobernaban con dureza mediante el terror. Los purépechas gozaban de mayor armonía con sus provincias, mientras que los aztecas generaban animadversión y resentimiento.

El Imperio azteca y el purépecha se enfrentaron en escaramuzas fronterizas y compitieron por hacerse con nuevos territorios antes de que el otro llegara. Sin embargo, también experimentaron periodos en los que las tensas relaciones se relajaban y, en estas épocas de distensión, entablaban relaciones comerciales. El comercio terminó sobre todo a mediados del siglo XIV, cuando se intensificó la rivalidad.

Las enconadas relaciones entre los dos imperios estallaron finalmente en una guerra total entre 1469 y 1478. El recién coronado *Huey Tlatoani* de los aztecas era Axayácatl, nieto de Moctezuma I. Su juvenil destreza militar le había granjeado el favor del virrey Tlacaélel de Tenochtitlan y del rey Nezahualcóyotl de Texcoco. A la muerte de su padre, el consejo de gobernantes y ancianos eligió a Axayácatl por encima de sus dos hermanos mayores Ahuízotl y Tízoc, a pesar de que solo tenía veinte años.

Como era típico en la región cuando un nuevo gobernante asumía el trono, los reinos vecinos aprovechaban la oportunidad para desafiar al inexperto rey. En 1469, el año en que Axayácatl fue coronado rey, los purépechas instigaron nuevos conflictos fronterizos, que al principio no les salieron bien. Axayácatl era joven, pero era un guerrero feroz y astuto.

En los años siguientes, Axayácatl lanzó una audaz ofensiva contra los purépechas. Comenzó a reconquistar sistemáticamente antiguas tierras aztecas periféricas que los purépechas habían tomado en la década anterior. También comenzó a capturar nuevos territorios a lo largo de los bordes de la frontera Purépecha, con muchas batallas sangrientas y prolongadas entre los dos imperios.

Envalentonado por sus primeros nueve años de éxito inicial, Axayácatl reunió una fuerza de 32.000 combatientes aztecas y marchó sobre la ciudad de Taximaroa (actual Hidalgo), la capital del territorio purépecha más cercano a tierras aztecas. Taximaroa estaba preparada. Axayácatl se encontró con la asombrosa cifra de 50.000 guerreros que defendían Taximaroa, ¡una gran inferioridad numérica! Los dos ejércitos lucharon durante todo el día; finalmente, Axayácatl no tuvo más remedio que retirarse. Los purépechas habían matado al menos a 20.000 de sus hombres. Había perdido casi dos tercios de su ejército.

Uno puede imaginarse a Axayácatl y a sus hombres regresando a casa, llorando a sus camaradas y abatidos por haber perdido la batalla. Estaban acostumbrados a ganar. ¿Qué ocurrió esta vez? Además de contar con una fuerza militar mucho mayor y de luchar en su propio terreno, los purépecha-tarascos tenían otra gran ventaja: sus conocimientos de metalurgia. Tenían escudos de cobre que desviaban fácilmente flechas y lanzas, mientras que los escudos aztecas eran de madera o de juncos tejidos. Tenían lanzas largas con punta de cobre, pero los aztecas usaban garrotes de madera y lanzas cortas.

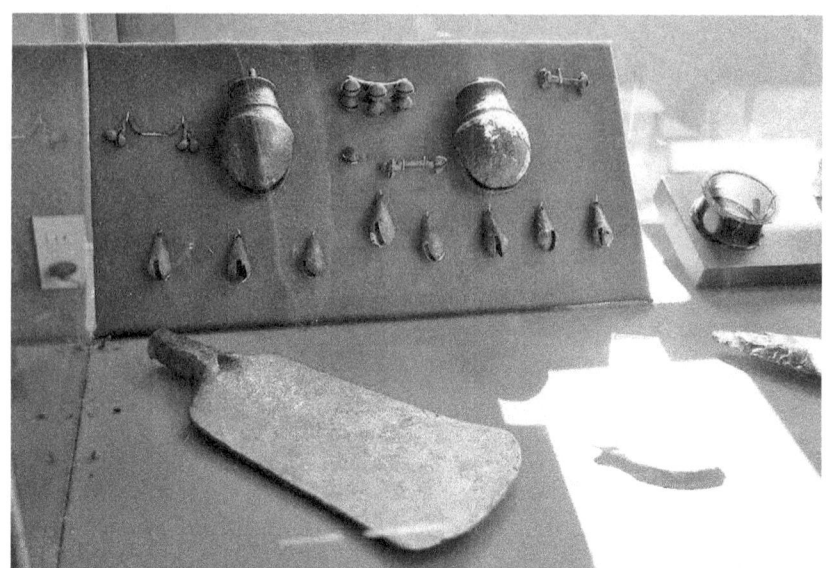

Utensilios de bronce utilizados por los purépecha-tarascos hallados en el yacimiento arqueológico de Tzintzuntzan[55]

Aunque ganaron la batalla, esta experiencia impulsó a Tzitzipandácuare, el gobernante purépecha, a construir más fortificaciones y centros militares a lo largo de la frontera azteca. Llegó a un acuerdo con los otomíes y matlatzincas, que habían sido expulsados de sus tierras por los aztecas. Fueron invitados a vivir en territorio purépecha en la frontera con los aztecas a cambio de ayudar a defender las tierras purépechas de los aztecas. Por supuesto, los otomíes y matlatzincas estaban más que felices de luchar contra el pueblo que los había dejado sin hogar.

Esta fue la primera gran derrota que sufrieron los aztecas desde que se formó la Triple Alianza. Y ocurrió bajo el mandato de Axayácatl. Aunque en los años siguientes conseguiría varios triunfos menores, esta gran derrota ensombrecería para siempre su reinado. Axayácatl murió solo tres años después, apenas en sus treintas.

Ese mismo año, Tzitzipandácuare lanzó un contraataque contra los aztecas, alcanzando las cincuenta millas de Tenochtitlan antes de verse obligado a retroceder. Esto llevó a los aztecas a llegar a un acuerdo con los purépechas para crear una zona desmilitarizada en la frontera entre las tierras aztecas y las tierras purépecha-tarascas. Esta zona entre los ríos Balsas y Lerma estaba protegida por fortificaciones estratégicas que

---

[55] Thelmadatter, CC BY-SA 3.0 <https://creativecommons.org/licenses/by-sa/3.0>, vía Wikimedia Commons, https://commons.wikimedia.org/w/index.php?curid=8481277

dominaban los valles. Una vez establecido este alto el fuego, los purépechas dirigieron su atención hacia otras tierras que pudieran conquistar.

A la muerte del emperador azteca Axayácatl, le sucedió su hermano Tízoc en 1481. Durante su reinado, Tízoc participó en pequeños enfrentamientos fronterizos con los purépechas; sin embargo, los aztecas lo consideraban un gobernante militar débil e inepto. Murió tras solo cinco años en el trono. Persistieron los rumores de que fue envenenado por Tlacaélel en un complot desesperado para poner fin a su desastroso reinado.

Ahuízotl, quizá el mejor gobernante militar del Imperio azteca, era hermano de Axayácatl y Tízoc, los tres de la misma madre. Gobernó Tenochtitlan de 1486 a 1502. Además de reprimir una rebelión del pueblo huasteco, duplicar el tamaño del Imperio azteca y conquistar una amplia franja de la costa del Pacífico mexicano hasta Guatemala, Ahuízotl también exacerbó la lucha con los purépechas.

En lugar de asaltar directamente a los purépechas, Ahuízotl apoyó y animó inicialmente a otros pueblos a atacarlos. Se dirigió a los chontales, a los cuitlatecos y a otros grupos étnicos que eran aliados o ciudades tributarias del Imperio azteca, incitándolos a hostigar a los purépechas e instigar escaramuzas fronterizas, a cambio de favores de los aztecas.

Después de que estos otros grupos suavizaran las líneas defensivas, Ahuízotl conquistó la ciudad fronteriza de Otzo en una sangrienta masacre; no quedó nada de la población, todos fueron asesinados o huyeron de la zona. Ahuízotl convirtió la ciudad en un puesto militar azteca. Los purépechas respondieron construyendo fortalezas cerca de Otzo para impedir que los aztecas la utilizaran como punto de apoyo. Ahuízotl se trasladó más al oeste, a la costa del Pacífico, y conquistó Guerrero.

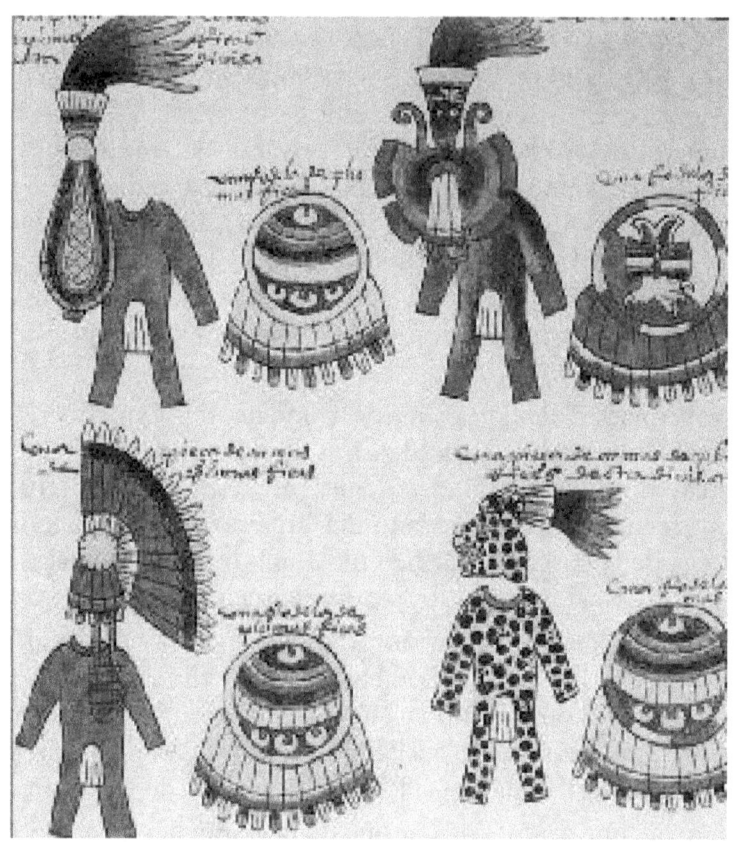
Trajes religiosos tradicionales purépecha-tarascos[56]

A partir de 1480, el nuevo emperador purépecha-tarasco Zuangua conquistó y ocupó regiones de los actuales estados mexicanos de Colima y Jalisco, haciéndose con el control de las minas de nitrato de la zona. Su reinado fue resistido por estos pueblos y, de 1480 a 1510, se desató la guerra del Salitre entre el Imperio purépecha y los pueblos de Colima, Sayula, Zapotlán, Tapalpa y Autlán. Finalmente, los purépechas fueron expulsados de Colima y Jalisco.

Mientras tanto, en Tenochtitlan, Ahuízotl murió y su sobrino Moctezuma II fue coronado *Huey Tlatoani* en 1502, el emperador que gobernaba cuando llegaron los españoles. Moctezuma pasó la primera década de su reinado consolidando las inmensas extensiones del nuevo territorio conquistado por Ahuízotl. Después, en 1515, el Imperio azteca marchó de nuevo contra los purépechas, liderado por el general tlaxcalteca Tlahuicole. Una vez más, su campaña militar terminó en

[56] https://commons.wikimedia.org/wiki/File:Ornamenta_Pur%C3%A9pecha.jpg

fracaso. Y una vez más, los guerreros aztecas se retiraron derrotados.

El Imperio purépecha no fue conquistado por el Imperio azteca. El fracaso de los aztecas en su intento de imponerse al imperio vecino debió de socavar su sentimiento de invencibilidad y su autoidentidad como pueblo elegido llamado por Huitzilopochtli para conquistar las tierras que los rodeaban.

Los purépechas y los aztecas pronto tuvieron un enemigo común, los conquistadores españoles, que inicialmente se centraron en el imperio azteca, ignorantes de la existencia de un segundo imperio al noroeste. En 1520, mientras los españoles asediaban Tenochtitlan, el emperador purépecha Zuangua murió y fue sucedido por Tangáxoan. Casi de inmediato, Tangáxoan recibió emisarios aztecas de Tenochtitlan, solicitando que los purépechas se aliaran con ellos en su desesperada lucha contra los españoles.

Una vez que Tangáxoan extrajo información crucial de los aztecas, mató a los emisarios. Estaba formulando su propio plan. Los aztecas luchaban contra los españoles, y eso no iba bien. Tangáxoan formuló una táctica diferente, una de diplomacia. Envió una pequeña delegación a negociar la paz con los españoles y recibió en su reino a un grupo de conquistadores, a los que obsequió con oro y otros regalos. El plan le salió mal.

Cuando Hernán Cortés vio el oro, se interesó de repente por el Imperio tarasco-purépecha. Una vez conquistada Tenochtitlan, envió a uno de sus capitanes, Cristóbal de Olid, a una campaña militar contra los purépechas en 1522. Sorprendentemente, los purépechas no opusieron resistencia. Dejaron las armas. Tangáxoan persistió en su plan de un acercamiento diplomático en lugar de sufrir el violento final que habían experimentado los aztecas.

Los tarascos se sometieron a los españoles y aceptaron la fe católica, con la esperanza de que su imperio pudiera continuar como una especie de tributario de los españoles. El plan funcionó durante los ocho años siguientes. Los frailes españoles se trasladaron para instruir en el catolicismo, mientras Tangáxoan seguía gobernando. Continuó recaudando tributos de sus provincias, la mayoría de los cuales se los quedaba él, enviando una parte a los españoles. Hernán Cortés centraba su atención en otros lugares, y los tarascos no causaban problemas.

La «conquista» de los tarascos por Nuño de Guzmán, que ya se habían rendido años antes. Nótese el uso de soldados aztecas (abajo a la izquierda)[57]

Sin embargo, todo acabó de forma repentina y violenta cuando Nuño de Guzmán fue nombrado por España primer presidente de la recién creada *Real Audiencia de México*. Cuando Guzmán descubrió que Tangáxoan había continuado como gobernante de facto de los tarascos, lo acusó de retención de tributos, herejía y sodomía, celebrando un juicio por tortura. En 1530, Tangáxoan, el último emperador del Imperio tarasco-purépecha, fue horriblemente ejecutado.

El fray Jerónimo de Acalá, en *Relación de Michoacán*, documentó cómo Guzmán hizo envolver al emperador en una estera atada a la cola de un caballo; se prendió fuego a la estera y el caballo la arrastró mientras Tangáxoan moría quemado. Un pregonero iba con el caballo, llamando al pueblo: «¡Mirad y prestad atención! Mirad, gente humilde que sois todos unos granujas».

Esto marcó el fin del Imperio tarasco-purépecha. Habían coexistido en mutuo respeto con los misioneros españoles durante ocho años, y ahora

---

[57] https://en.wikipedia.org/wiki/Michoac%C3%A1n#/media/File:Aztec_Indians_Mexico_Tlaxcalan_Cortez.jpg

veían el lado más oscuro, humillante y cruel de su nuevo imperio, el lado que los aztecas habían estado experimentando durante la última década.

SECCIÓN TERCERA: LA CONQUISTA ESPAÑOLA

Capítulo 9: La llegada de Cortés

Corría el año 1518 y Moctezuma II, emperador azteca de Tenochtitlan, estaba preocupado. Inquietantes presagios perturbaban a su pueblo: un fuego ardiente en el cielo nocturno, las aguas del lago Texcoco hirviendo de repente con grandes olas inundando la ciudad, una mujer lamentándose en la noche —algunos decían que era su diosa madre Coatlicue.

Dos años antes había muerto el rey Nezahualpilli de Texcoco, su amigo y cogobernante de la Triple Alianza. Nezahualpilli era un vidente que había profetizado que los extranjeros dominarían el imperio. El padre de Nezahualpilli, Nezahualcóyotl, había profetizado que el gran templo sería destruido en un año de una semilla. En el calendario azteca de 52 años, el año siguiente sería un año de una semilla. Y ahora, los extranjeros habían llegado a la región maya de Yucatán.

Moctezuma estaba preocupado por el estado inestable del Imperio azteca. Tras la muerte de Nezahualpilli, la disputa sobre qué hijo sería el siguiente monarca de Texcoco estalló en una guerra civil. Moctezuma había apoyado a Cacamatzin, pero la guerra terminó con el reino de Texcoco dividido en tres partes entre tres hijos. Cacamatzin gobernaba la capital, su hermano Ixtlilxóchitl —ahora enemigo jurado de Moctezuma— gobernaba el tercio norte del territorio y un tercer hermano gobernaba el resto. Tenochtitlan y Texcoco habían sido poderosos aliados durante casi un siglo. ¿Podría Moctezuma contar con el fracturado Texcoco en lo que se avecinaba?

Los extraños extranjeros habían sido vistos por primera vez el año anterior en tres peculiares y enormes barcos que podían transportar treinta hombres o más cada uno. El pueblo maya había luchado y matado a más de la mitad de ellos y los había expulsado. Moctezuma se había relajado momentáneamente; estos extranjeros eran mortales y podían ser vencidos. Pero este año habían llegado cuatro barcos más. Esta vez habían derrotado a la ciudad maya de Champotón, matando o expulsando a todos sus habitantes. Y ahora sus naves se dirigían al norte, hacia territorio azteca.

Moctezuma II, Huey Tlatoani de Tenochtitlan, 1502-1520[58]

¿Quiénes eran estas personas? Moctezuma decidió averiguarlo. Llamó a un grupo de sus nobles y les pidió que tomaran regalos y viajaran rápidamente a la costa. Había oído que estos extranjeros estaban interesados en el oro, así que dijo a sus emisarios que incluyeran algo de oro con los regalos. Les ordenó que recabaran información sobre estos hombres de brillante armadura.

Lo que Moctezuma quizá no sabía es que dos de estos insólitos forasteros llevaban siete años viviendo en Yucatán, víctimas de un naufragio. En 1511, un pequeño barco español navegaba de Panamá a Santo Domingo cuando naufragó en un banco de arena. Dieciséis hombres y dos mujeres subieron al bote salvavidas y fueron arrastrados

---

[58] https://commons.wikimedia.org/wiki/File:Moctezuma_Xocoyotzin_Newberry.jpg

hacia el norte por una fuerte corriente hasta la península de Yucatán. La docena de supervivientes fue capturada por los mayas, que sacrificaron inmediatamente al capitán y a otros cuatro. Los demás fueron enviados a la esclavitud, y todos menos dos murieron por enfermedad o exceso de trabajo.

Los dos supervivientes, un sacerdote franciscano llamado Jerónimo de Aguilar y un marinero llamado Gonzalo Guerrero, consiguieron escapar. Pero más tarde fueron capturados por una tribu maya rival liderada por el jefe Xamanzana. Vivieron con la tribu de Xamanzana, aprendiendo la lengua y adaptándose a la nueva cultura. Guerrero demostró su valía como luchador y fue recompensado convirtiéndose en jefe de guerra; se casó con una mujer de la nobleza maya y formó una familia.

Seis años más tarde, Francisco Hernández de Córdoba solicitó al gobernador de Cuba permiso para encabezar una expedición en busca y exploración de nuevas tierras y recursos. Al menos, ésa es la historia que le contó al gobernador Diego Velázquez de Cuéllar. Lo más probable, según sus escritos personales, es que él y sus amigos necesitaran más indígenas como esclavos para las minas y plantaciones de Cuba. El permiso fue concedido y Córdoba zarpó de Cuba en 1517 con tres barcos y 110 hombres.

Encontraron México por casualidad, después de que una fuerte tormenta los arrastrara hasta la costa de Yucatán. Desde sus naves, se asombraron al ver una gran zona urbana con edificios de mampostería. Los europeos aún no habían encontrado una cultura tan sofisticada en el Nuevo Mundo. El 4 de marzo de 1517, los mayas se acercaron a sus barcos en diez piraguas con velas y remos. Sonrieron y se mostraron amistosos, comunicando por señas que vendrían al día siguiente con más embarcaciones para ayudarlos a llegar a tierra.

Volvieron al día siguiente, pero esta vez no fueron amistosos. Cuando los españoles llegaron a tierra, los mayas les tendieron una emboscada. Los españoles se defendieron desesperadamente con sus ballestas y armas de fuego, consiguiendo escapar a sus barcos. Siguieron navegando, pero se habían quedado sin agua; finalmente, la sed los llevó a anclar y bajar a tierra en busca de agua. Esa noche, el jefe maya Moch Couoh los atacó, matando a 57 de sus hombres y capturando a otros dos, que probablemente fueron sacrificados.

El resto de los hombres lograron volver al barco, pero el cuerpo de Córdoba estaba lleno de flechas y varios otros hombres estaban heridos de muerte. Cinco murieron en el viaje de vuelta; Córdoba y otros tres hombres murieron justo después de llegar a Cuba. En total perecieron 68 de los 110 originales. A pesar del gran número de bajas, las historias que contaban los supervivientes sobre la extraordinaria arquitectura comparable a la de los edificios europeos despertaron el interés del gobernador de Cuba, Velázquez. Con una civilización tan avanzada, sospechaba que esta nueva tierra tenía oro y otras riquezas que explotar.

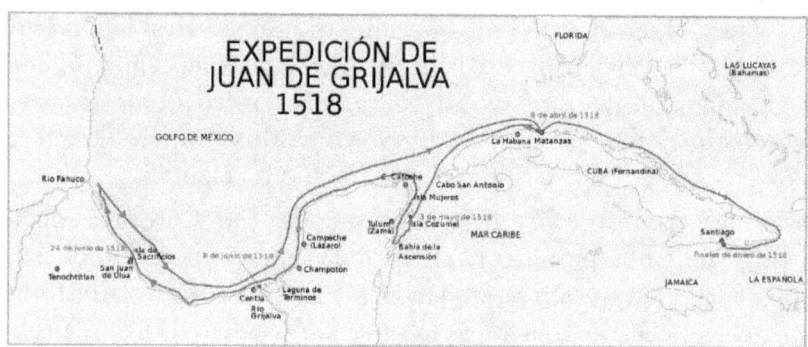

Expedición de Juan de Grijalva, 1518[59]

El gobernador Velázquez no tardó en organizar otra expedición. Juan de Grijalva zarpó de Cuba en abril de 1518 con cuatro navíos y 170 hombres. Las órdenes de Grijalva eran conseguir todo el oro y la plata que pudiera y llevárselos a Velázquez. Grijalva navegó directamente a Champotón, donde los indígenas habían masacrado sin piedad a los hombres de Córdoba. Una vez más, los mayas atacaron, pero Grijalva estaba preparado. Esta vez ganaron los españoles y los mayas huyeron.

Grijalva continuó el viaje, navegando hacia el oeste a lo largo de la península de Yucatán, que el navegante insistía en que era una isla. Llegaron a la región de Tabasco y fueron recibidos por la población local. Los españoles les regalaron cuentas de vidrio de colores y los indígenas les correspondieron con collares de oro y pequeñas figuras de oro de lagartos y pájaros. Dijeron a los españoles que se podía encontrar mucho oro en el oeste.

Grijalva siguió navegando por la costa cuando vieron a unos hombres en la playa que agitaban estandartes blancos, indicándoles que desembarcaran. En ese momento se encontraban en la zona de Boca del

---

[59] Jaontiveros, CC BY-SA 4.0 <https://creativecommons.org/licenses/by-sa/4.0>, vía Wikimedia Commons https://en.wikipedia.org/wiki/Juan_de_Grijalva#/media/File:Expedici%C3%B3n_de_Grijalva_1518.svg

Río, en territorio azteca, casi al este de Tenochtitlan. Echaron el ancla y desembarcaron, donde se reunieron con las personas que habían ondeado las banderas. Eran aztecas, los hombres que Moctezuma había enviado para averiguar más cosas sobre este extraño pueblo nuevo. Los emisarios aztecas obsequiaron a Grijalva con objetos de oro tallado, mientras que los conquistadores les regalaron cuentas de vidrio. Grijalva llevó consigo a uno de los hombres aztecas como traductor, que fue bautizado y recibió el nombre de Francisco.

Grijalva reclamó el territorio para la corona y el gobernador Velázquez, dándole el nombre de Nueva España (que más tarde se utilizaría para todas las colonias españolas de América y las islas del Pacífico). A estas alturas, su navegante ya se había dado cuenta de que habían llegado a otro continente, no solo a una isla. Cuando Grijalva regresó a Cuba y entregó a Velázquez los objetos de oro y su informe, el gobernador comenzó a organizar otra expedición.

Hernán Cortés[60]

Varios meses después, el 23 de octubre de 1518, Velázquez encargó a Hernán Cortés que dirigiera una tercera expedición con el objetivo de explorar, difundir el cristianismo e intercambiar objetos con la población local. No dio permiso para establecer una colonia. Cortés zarpó hacia

---

[60] Arrie.Irazabal, CC BY-SA 4.0 <https://creativecommons.org/licenses/by-sa/4.0>, vía Wikimedia Commons https://commons.wikimedia.org/wiki/File:Cortes_hernan_2.jpg

México el 10 de febrero de 1519, desembarcando primero en Cozumel, en la península de Yucatán, en territorio maya. Llevaba 11 barcos, 109 marineros, 508 soldados, 16 caballos, 13 mosquetes, diez piezas de artillería pesada, cuatro de artillería ligera y 32 ballestas. Cortés llevaba dos traductores: Francisco, el azteca, y Melchor, un joven maya que Córdoba había capturado anteriormente. Un conquistador de la expedición, Bernal Díaz del Castillo, relató posteriormente la conquista en *Historia verdadera de la conquista de la Nueva España*.

En Cozumel, Cortés se enteró de que dos españoles vivían en Yucatán desde su naufragio ocho años antes. Les envió mensajeros con un rescate (más cuentas de vidrio) para los mayas. El padre Jerónimo de Aguilar se unió alegremente a los conquistadores, sirviendo como otro traductor, lo que funcionó bien, ya que Melchor consiguió escabullirse de vuelta a los suyos dos días después.

Por otro lado, Gonzalo Guerrero se había vuelto nativo con tatuajes y piercings. La Inquisición española estaba en marcha, y probablemente podía imaginarse siendo tendido en el potro y quemado en la hoguera por abandonar su fe. Cuando el padre Aguilar intentó convencerlo de que fuera con él, le contestó (según relata Bernal Díaz del Castillo):

> «Hermano Aguilar, estoy casado y tengo tres hijos, y me ven como cacique (señor) aquí, y capitán en tiempo de guerra. Tengo la cara tatuada y las orejas perforadas. ¿Qué dirían de mí los españoles si me vieran así? Anda, y que Dios te bendiga, pues has visto qué guapos son estos hijos míos. Por favor, dame algunas de esas cuentas que has traído para regalárselas, y les diré que mis hermanos las han enviado desde mi propio país».

Cortés reclamó Cozumel para la corona española en marzo de 1519 antes de zarpar de nuevo hacia la región de Tabasco. Un año antes, los putunes de habla maya se habían mostrado cordiales con Grijalva, pero esta vez atacaron. Cortés los derrotó, capturó a algunos de sus hombres como prisioneros y reclamó Tabasco para la corona. Los putunes lo superaban ampliamente en número, pero sus hombres lucharon con armas y cañones, y aterrorizaron a los indígenas luchando a caballo. Nunca habían visto caballos, y pensaban que el caballo y el hombre eran una sola criatura diabólica.

Tras otro ataque fallido, los jefes putunes se acercaron con oro y otros regalos, disculpándose por su comportamiento inhóspito. Cortés les perdonó y aceptó sus regalos, pero les ordenó que dejaran de adorar ídolos, a lo que accedieron. Cortés preguntó a los putunes de dónde sacaban el oro, y le dijeron que de Cholula, en el interior.

Doña Marina, conocida como La Malinche[61]

Los putunes entregaron 20 mujeres a los españoles, que fueron bautizadas como cristianas. Una de ellas, doña Marina, conocida como La Malinche, se convirtió en la amante de Cortés y dio a luz a su hijo Martín. Era azteca de habla náhuatl, pero había sido entregada o vendida a los

---

[61] https://en.wikipedia.org/wiki/La_Malinche#/media/File:MOM_D093_Donna_Marina_(La_Malinche).jpg

mayas de niña y hablaba con fluidez tanto el náhuatl como el maya. Su conocimiento de ambas lenguas la hacía inestimable como traductora. Aún no sabía español, pero el padre Aguilar podía hacerle preguntas en maya, que ella traducía al náhuatl azteca.

El 23 de marzo, Cortés zarpó hacia Veracruz. Cuando desembarcó el Domingo de Resurrección, fue abordado por dos emisarios aztecas, Tendile y Pitalpitoque. Doña Marina y el padre Aguilar tradujeron su mensaje: venían a darles la bienvenida y a saber más de ellos. Los aztecas construyeron un refugio para los españoles, les sirvieron una comida y les entregaron regalos. Después se sentaron a pintar cuadros de Cortés, el padre Aguilar, un perro y un cañón, que llevaron a Tenochtitlan para enseñárselos a Moctezuma.

Cortés les hizo una demostración de lo que podían hacer sus cañones grandes y pequeños, mosquetes y ballestas. Les regaló cuentas de vidrio y otros objetos, incluido un casco de soldado que les pidió que le devolvieran lleno de polvo de oro. Tal y como les había pedido, una semana más tarde regresaron más de cien hombres con el casco lleno de polvo de oro y costosos tesoros de oro y plata tallados. También transmitieron cortésmente el mensaje de Moctezuma de que Cortés *no* estaba invitado a viajar a Tenochtitlan para ver al emperador.

Cortés expresó con calma lo esencial que era que se reuniera con Moctezuma. Les dio más regalos para que se los llevaran al emperador, así como regalos personales para los embajadores. Les pidió que volvieran con su líder y convencieran a Moctezuma para que recibiera a Cortés y a su séquito. Poco después, los emisarios regresaron, con más regalos de oro, pero con la respuesta final del emperador: Cortés no tenía permiso para verlo, y ahí se acabó la discusión.

Así que Cortés se dedicó a otros asuntos. El gobernador de Cuba, Diego Velázquez, solo le había encargado explorar nuevos territorios, recoger tesoros y convertir a los indígenas al catolicismo, no establecer ningún asentamiento. Sin embargo, Cortés se atrevió a colonizar, construyendo la Villa Rica de la Vera Cruz, que declaró independiente de Cuba y sujeta únicamente al rey Carlos, emperador del Sacro Imperio Romano Germánico y monarca de España.

Cortés renunció al mandato de Velázquez, nombró a algunos de sus hombres para un cabildo y luego aceptó su nombramiento como gobernador general de la nueva colonia. Inmediatamente envió un barco a España con el oro que habían recogido, acompañado de cartas al rey. En ellas describían al rey Carlos todo lo que habían descubierto y conseguido, así como sus motivos para declarar la independencia de Cuba y del gobernador Velázquez.

Una vez resuelto todo, ¡había llegado el momento de marchar a Tenochtitlan! Haciendo caso omiso de la orden de Moctezuma de no acudir, Cortés dejó 100 hombres en Veracruz a las órdenes de su capitán de confianza, Juan de Escalante, y luego marchó hacia el interior a mediados de agosto de 1519 con el resto de sus soldados, 15 jinetes y 15 cañones. También lo acompañaron el padre Aguilar, doña Marina y el azteca Francisco (que había aprendido español el año anterior); entre los tres intérpretes pudieron comunicarse con las diversas personas que encontraron.

Cempoala, en relación con Tenochtitlan y otras ciudades aztecas[62]

Llegaron a Cempoala, 25 millas tierra adentro, donde residieron durante dos meses con el pueblo totonaca. Unos setenta años antes, el pueblo totonaca había sido conquistado por los aztecas y ahora era una ciudad tributaria. Comunicaron a Cortés cómo detestaban a sus gobernantes, que les exigían el pago de tributos dos veces al año, pero lo que era aún peor, se llevaban a sus hijos como mano de obra esclava y para sacrificios a Huitzilopochtli. Los totonacas dijeron a Cortés que no eran los únicos descontentos; muchas ciudades-estado conquistadas en la frontera azteca guardaban rencor a Moctezuma.

Justo cuando Cortés estaba desarrollando relaciones amistosas con los totonacas, recibió noticias de una situación urgente en el asentamiento de Villa Rica de la Vera Cruz. Algunos de los hombres que dejó allí eran leales a Velázquez; censuraban el motín de Cortés y el hecho de que se hubiera dirigido al rey de España a espaldas del gobernador. Planeaban

---

[62] historicair 23:39, 9 de septiembre de 2007 (UTC), CC BY-SA 3.0
<http://creativecommons.org/licenses/by-sa/3.0/>, vía Wikimedia Commons
https://upload.wikimedia.org/wikipedia/commons/7/7f/Cempoala_location_map-fr.svg

enviar uno de los barcos a Cuba para avisar a Velázquez. Al recibir esta noticia, Cortés regresó rápidamente a Vera Cruz, reunió a los conspiradores y ahorcó a los dos cabecillas. Cortó los pies al navegante y azotó al resto de los implicados. También hundió todos los barcos, impidiendo que nadie pudiera regresar a Cuba.

Una vez restablecido el orden en la costa, Cortés regresó a Cempoala para reanudar su misión diplomática. Con gran delicadeza, negoció una alianza con los totonacas de Cempoala, que aceptaron unir sus guerreros a su fuerza militar. Mientras estaba allí, algunos emisarios aztecas llegaron para cobrar el tributo semestral de Cempoala. Cortés persuadió astutamente a los totonacas para que rechazaran el tributo y encarcelaran a los delegados aztecas. Después liberó a los funcionarios de Moctezuma, fingiendo inocencia en el asunto y diciéndoles que informaran al emperador de que estaba dispuesto a ayudar a los aztecas con el problema de las ciudades rebeldes. Hábilmente instigó la rebelión entre los totonacas mientras aseguraba a Moctezuma que se aliaría con los aztecas contra los rebeldes.

Con los guerreros totonacas acompañándolos, llegó el momento de reanudar la marcha hacia Tenochtitlan. Su siguiente reto sería someter a los feroces tlaxcaltecas, los incesantes e invictos enemigos de los aztecas, y alistarlos en el plan para vencer al poderoso Imperio azteca.

Capítulo 10: La masacre de Cholula

Tlaxcala estaba más delante. ¿Qué tipo de bienvenida recibirían los conquistadores? Era agosto de 1519 y Cortés y sus hombres, a los que se habían unido los guerreros totonacas, reanudaban la marcha hacia Tenochtitlan. Se acercaban a Tlaxcala, una confederación de unas 200 ciudades. Cortés había oído hablar de la feroz reputación de estos pueblos, pero sabía que estaban en guerra constante con Tenochtitlan. ¿Serían amistosos u hostiles?

Los tlaxcaltecas recibieron a los españoles en plena batalla y lucharon ferozmente contra Cortés y sus aliados durante tres días. A pesar de la superioridad de sus armas y armaduras, los españoles sucumbían al brutal asalto de los feroces guerreros. El conquistador Bernal Díaz del Castillo escribió que los españoles estaban rodeados por todas partes y probablemente habrían muerto todos si los tlaxcaltecas no hubieran cambiado repentinamente de opinión.

Siempre que los tlaxcaltecas libraban las frecuentes batallas con los aztecas, los guerreros capturados por el otro bando eran sacrificados a los dioses. Cuando lucharon contra Cortés, éste los sorprendió por lo que hizo con los tlaxcaltecas que capturó. A diario, devolvía a los prisioneros de guerra acompañados de mensajes de paz y recordándoles que él también era enemigo de los aztecas. Con el tiempo, los tlaxcaltecas se dieron cuenta de que los españoles serían más útiles como aliados contra los odiados aztecas. Los ancianos convencieron a su jefe de guerra para que pusiera fin a la lucha y, con doña Marina y el padre Aguilar como traductores, negociaron una tregua. Cortés permaneció con los tlaxcaltecas durante 20 días, planeando su próximo movimiento.

Tlaxcala aliado de Cortés; pintura de escribas aztecas desconocidos[63]

Por delante se extendía la gran ciudad-estado de Cholula, con una población de 100.000 habitantes. Se cree que los olmecas se asentaron en la zona alrededor del año 100 a. e. c. Más tarde, un grupo de toltecas emigró allí tras la caída de Tula. Cholula se había convertido en una fuerza política dominante en la región, un centro de comercio y destino de peregrinaciones religiosas. Allí se erigía la pirámide más grande de toda Mesoamérica, y Cortés calculaba que había 430 templos.

Durante años, Cholula había existido en una alianza informal con los tlaxcaltecas, 20 millas al norte. Sin embargo, los aztecas ejercieron una gran presión; solo dos años antes, Cholula había capitulado y se había aliado con los aztecas. Esto significaba abandonar su alianza con los tlaxcaltecas, enemigos mortales de los aztecas, lo que los perjudicó, ya que Cortés se dirigía hacia ellos con 1.000 guerreros tlaxcaltecas.

Cortés seguía debatiendo sus opciones: si iniciar una guerra total con los aztecas o continuar con un acercamiento diplomático. Dado que

---

[63] *https://commons.wikimedia.org/w/index.php?curid=5801517*

Cholula era aliada de los aztecas, debía actuar con cautela. En Tenochtitlan, Moctezuma estaba al corriente de la marcha de Cortés hacia su reino y ordenó a Cholula que detuviera a los españoles. Cortés y sus hombres entraron en Cholula sin oponer resistencia. Sin embargo, los líderes de la ciudad no salieron a recibirlos y nadie les ofreció comida ni agua.

Los amigos indígenas de Cortés estaban inquietos. Los totonacas observaron que se estaban construyendo fortificaciones. Doña Marina aprovechó para charlar con las mujeres de la ciudad en su lengua nativa, el náhuatl. Se enteró de que los cholulas planeaban asesinar a los españoles mientras dormían. Los tlaxcaltecas estaban sedientos de venganza contra los cholulas por haber abandonado su alianza, y no dejaban de presionar a Cortés para que lanzara un ataque.

Finalmente, Cortés entró en el templo principal y se enfrentó a los gobernantes de la ciudad. Sí, admitieron, Moctezuma les había ordenado resistir a los españoles, pero no habían cumplido sus órdenes. Cortés pensó en lo que decían, y luego en los preparativos de batalla que habían advertido sus aliados y en lo que había oído doña Marina. Decidió que no podía confiar en la gente de Cholula y ordenó un ataque preventivo.

Los españoles y sus aliados indígenas reunieron a la nobleza y la masacraron, matando a 3.000 personas en tres horas. Después incendiaron la gran ciudad antigua. Esta matanza masiva de un pueblo que (aún) no había sido agresivo causó conmoción en el Imperio azteca. Muchas ciudades consideraron prudente aliarse con los conquistadores antes que arriesgarse a la aniquilación. Fue entonces cuando Moctezuma cedió e invitó a Cortés a visitar su ciudad de Tenochtitlan.

Llegó el gran día. El 8 de noviembre de 1519, diez meses después de zarpar de Cuba, Cortés y sus tropas atravesaron sin obstáculos la calzada que conducía a Tenochtitlan. Nunca había visto una ciudad tan grande. Con una población estimada de 200.000 habitantes, Tenochtitlan probablemente superaba en número a la mayoría de las ciudades de Europa. Tenochtitlan, una ciudad isleña en el lago Texcoco, tenía un sistema de calzadas que la conectaban con puntos de tierra firme y con una isla cercana.

Moctezuma saluda a Cortés[64]

En su litera decorada con plumas, Moctezuma salió por la calzada al encuentro de Cortés, con su hermano menor Cuitláhuac, su sobrino Cacamatzin (corregente de Texcoco, aliado de Tenochtitlan), junto con sus ancianos y jefes de guerra. Los gobernantes aztecas iban magníficamente ataviados con plumas, joyas y oro. El pueblo de la ciudad, de pie a lo largo de la calzada y en los altos edificios de Tenochtitlan, observaba el encuentro. Moctezuma dio formalmente la bienvenida a Cortés, que se presentó como representante de la reina Juana y de su hijo, el rey Carlos de España y emperador del Sacro Imperio Romano Germánico.

Se produjo un momento incómodo cuando Cortés intentó saludar a Moctezuma con el acostumbrado abrazo castellano, rápidamente interceptado por Cuitláhuac y Cacamatzin, que dejaron claro que no se podía tocar al emperador. Moctezuma alivió la vergüenza de Cortés colocándole una cadena de oro alrededor del cuello, seguida de una guirnalda de flores. Luego condujo a Cortés al santuario de la diosa Toci, donde, según el *Códice Florentino*, le dijo:

«Mi señor... has llegado a tu ciudad; has venido a sentarte en tu lugar, en tu trono. Oh, te ha sido reservado por poco tiempo, fue conservado por los que se han ido, tus sustitutos . Esto es lo que han dicho nuestros gobernantes... que vendrías a pedir tu trono, tu lugar, que vendrías aquí. Ven a la tierra, ven y descansa; toma posesión de tus casas reales, da alimento a tu cuerpo».

Si Moctezuma realmente dijo esto, estaba reconociendo que Cortés era Quetzalcóatl, volviendo en el año una caña, como Quetzalcóatl había dicho que haría. Si Moctezuma creía esto, ¿por qué resistió a Cortés todos esos meses?

---

[64] *https://commons.wikimedia.org/wiki/File:Cortez_and_Montezuma_at_Mexican_Temple.jpg*

Moctezuma alojó a Cortés y a sus principales oficiales en el palacio real de su difunto padre, Axayácatl. Según Bernal Díaz del Castillo, el emperador aceptó a Cortés como representante del rey de España, prometiéndole lealtad y diciendo: «En cuanto a tu gran rey, estoy en deuda con él y le daré de lo que poseo». Díaz relató que, en el palacio, los españoles encontraron la sala secreta del tesoro con platos de oro y joyas. «La visión de toda aquella riqueza me dejó estupefacto».

La amabilidad de Moctezuma se deterioró cuando Cortés quiso colocar una cruz y una imagen de la Virgen María en el Templo Mayor, en lo alto de la gran pirámide. El emperador y los ancianos se enfurecieron, alegando que no podían ofender a sus dioses, que les daban salud, lluvia, cosechas y victorias en las batallas.

Seis días después de su llegada a Tenochtitlan, Cortés recibió la noticia de un ataque a su nueva ciudad de Villa Rica de la Vera Cruz, a 200 millas de distancia en la costa. Cuauhpopoca, el comandante militar de Moctezuma, había dirigido una fuerza de aztecas, matando al querido amigo de Cortés, Juan de Escalante, a quien Cortés había dejado a cargo del asentamiento, junto con otros seis españoles y muchos totonacas.

En respuesta a esta traición, Cortés, acompañado por doña Marina, el padre Aguilar y cinco de sus capitanes, abordó a Moctezuma, ordenándole que fuera tranquilamente con ellos a sus aposentos en el palacio de Axayácatl. «¡No grites! ¡No armes alboroto! Si lo haces, te mataremos inmediatamente». A partir de ese momento, Moctezuma vivió bajo arresto domiciliario con Cortés en el palacio de Axayácatl.

Moctezuma continúa reinando bajo arresto domiciliario[65]

---

[65]
https://commons.wikimedia.org/wiki/File:Los_informantes_de_moctezuma_Isidro_Mart%C3%AD nez_siglo_XIX.jpg

A pesar de su encarcelamiento, Moctezuma continuó supervisando los asuntos del imperio, pero bajo el control de Cortés. Moctezuma aseguró a su pueblo que se había trasladado voluntariamente al palacio de Cortés bajo las instrucciones de los dioses. Los aztecas dudaban; también les inquietaba cada vez más la presencia de los 1.000 guerreros tlaxcaltecas en su ciudad, sus odiados enemigos, pero aliados de Cortés.

Con Moctezuma en arresto domiciliario, Cortés envió a sus hombres a investigar fuentes de oro en las provincias y obligó a Moctezuma a pagar tributo a la corona española. Los españoles fundieron las estatuillas de oro del palacio y formaron lingotes de oro. Cortés también construyó un altar católico en el Templo Mayor, pero dejó los ídolos aztecas.

Los aztecas estaban cada vez más agitados; sus sacerdotes decían que sus dioses estaban enfadados y que se marcharían todos a menos que los aztecas mataran a los españoles o los obligaran a volver al otro lado del mar. Moctezuma advirtió a los españoles de que corrían un peligro mortal. Con su emperador detenido, la mayoría de la nobleza se dirigía a su hermano Cuitláhuac en busca de liderazgo. Pero dudaban en actuar sin una orden directa de Moctezuma. Esta inestable situación se prolongó durante cinco meses.

Entonces, en abril de 1520, Moctezuma alertó a Cortés de que sus hombres habían observado el desembarco en la costa de una flota de 19 barcos españoles con 1400 soldados. Al mando de Pánfilo de Narváez, las tropas habían sido enviadas por Velázquez, gobernador de Cuba, para arrestar o matar a Cortés por desafiar las órdenes del gobernador. Al conocer esta noticia, Cortés dejó a algunos de sus soldados en Tenochtitlan bajo el mando de Pedro de Alvarado, un experimentado conquistador, dándole estrictas instrucciones para que no permitiera escapar a Moctezuma.

Cortés y el resto de sus tropas marcharon rápidamente a Cempoala, donde Narváez había acampado. Con un ataque nocturno por sorpresa, Cortés capturó a Narváez y convenció al resto de los soldados españoles para que se pasaran a su bando. Les habló del oro que habían conseguido y les prometió hacerlos ricos a todos. Con sus nuevos reclutas, Cortés marchó de vuelta a Tenochtitlan con 1300 soldados, 96 caballos y 2000 guerreros tlaxcaltecas.

Cortés se horrorizó al regresar a una situación caótica en Tenochtitlan. En su ausencia, Alvarado y sus compañeros habían matado a cientos de nobles aztecas desarmados en un ataque no provocado, conocido como la

Matanza del Templo Mayor. Cortés interrogó a Alvarado y a sus hombres, al igual que a los aztecas para tratar de averiguar qué había ocurrido el 22 de mayo de 1520.

Pedro de Alvarado[66]

Durante la ausencia de Cortés, Moctezuma había solicitado permiso para celebrar el importante festival de Tóxcatl, que honraba a Tezcatlipoca, dios principal azteca (quizá lo recuerde como el dios que engañó a Quetzalcóatl, provocando su caída). Alvarado dio su permiso, con la condición de que no se realizaran sacrificios humanos y de que ninguno de los participantes llevara armas. Normalmente, en este festival se sacrificaba a un joven que se había hecho pasar por Tezcatlipoca durante el último año, pero al parecer, los aztecas decidieron seguir las

---

[66] *Jl FilpoC, CC BY-SA 4.0 <https://creativecommons.org/licenses/by-sa/4.0>, vía Wikimedia Commons, https://commons.wikimedia.org/w/index.php?curid=79340037*

órdenes de Alvarado.

Alrededor de mil nobles aztecas se habían reunido en los terrenos que rodeaban el gran templo, desnudos pero ataviados con joyas, oro y plata y con elaborados tocados de plumas. Los tambores sonaban con fuerza, acompañados por el estridente sonido de los instrumentos de viento. Los hombres bailaban en círculos, cogidos de la mano, cantando con los músicos, alabando a Tezcatlipoca y pidiéndole agua, grano, buena salud y la victoria. Todos disfrutaban de la fiesta, bailando y cantando, con la música rugiendo como las olas.

De repente, aparecieron Alvarado y los soldados españoles, bloqueando todas las salidas con diez o doce hombres. Se abalanzaron sobre el hombre que tocaba el tambor y le cortaron los brazos y la cabeza con tal fuerza que voló por los aires. Sin ningún remordimiento ni piedad, mataron brutalmente a los celebrantes, despojándolos de su oro y sus joyas. Cortaron cabezas y brazos, apuñalaron a los hombres en las tripas, de modo que sus entrañas brotaron, y arrojaron a algunos al suelo, de modo que sus cabezas quedaron aplastadas.

Los aztecas corrieron hacia las salidas, pero fueron recibidos y asesinados por los risueños españoles que custodiaban la salida. Algunos se tumbaron, fingiendo estar muertos, mientras la sangre de los muertos corría como agua sobre ellos y el hedor de las entrañas llenaba el aire. Otros trepaban por los muros y gritaban a los de fuera: «¡Vengan rápido! ¡Vengan con lanzas y escudos! ¡Han asesinado a nuestros guerreros! ¡Han sido aniquilados!» Los mexicas asaltaron rápidamente el templo con lanzas, arcos y jabalinas. Lanzaron con furia una andanada de jabalinas amarillas contra los españoles.

Se dieron diferentes explicaciones sobre la motivación de la masacre. Alvarado dijo a Cortés que había recibido información de que los aztecas planeaban atacar a los españoles durante el festival, por lo que la matanza fue un ataque preventivo. Algunos dijeron que intervinieron para evitar un sacrificio humano, aunque la mayoría de los españoles afirmaron que los aztecas solo estaban cantando y bailando. Los aztecas pensaban que los españoles habían atacado a los nobles para robarles el oro y las joyas.

Cuando Cortés regresó a Tenochtitlan, los aztecas habían bloqueado el palacio donde se alojaban los españoles y donde seguía retenido Moctezuma. Habían elegido a Cuitláhuac, hermano de Moctezuma, como nuevo *tlatoani*, renunciando a Moctezuma. De alguna manera, en la confusión y el caos, Moctezuma fue asesinado —una muerte misteriosa.

Moctezuma II golpeado por las piedras[67]

En el relato español, Cortés intentó desesperadamente restablecer el orden conminando a Moctezuma a salir al balcón del palacio y hablar al pueblo, solicitando que permitieran a los españoles abandonar la ciudad pacíficamente y regresar a la costa. El pueblo rechazó sus palabras y le arrojó piedras y dardos, que los españoles intentaron desviar con sus escudos. Díaz informó de que tres piedras alcanzaron a Moctezuma, una de ellas en la cabeza. Se negó a recibir tratamiento y murió tres días después. Los aztecas dijeron que Moctezuma fue estrangulado por los españoles. Llegados a este punto, la renuncia del emperador ya no tenía sentido para ninguno de los dos bandos.

---

[67] https://commons.wikimedia.org/wiki/File:Stories_of_American_explorers_-_a_historical_reader_(1906)_(14592623230).jpg

Los españoles y sus aliados indígenas se encontraban en una situación peligrosa, sin agua, alimentos ni pólvora. Cortés solicitó a los aztecas un alto el fuego de una semana, prometiendo que los españoles devolverían todos los tesoros que habían robado y abandonarían la ciudad pacíficamente. En lugar de esperar una semana, los españoles intentaron salir de la ciudad esa misma noche.

Tenochtitlan tenía varias calzadas que iban de la isla a tierra firme o a las islas adyacentes. Cada calzada tenía varios huecos cubiertos por puentes que se retiraban por la noche. Los españoles construyeron un puente portátil para llevárselo consigo y poder cruzar esos vanos. Empacaron el oro y otros tesoros que habían acumulado y permitieron que los soldados españoles se llevaran lo que quisieran. Muchos de los soldados se llenaron los bolsillos y se cubrieron de oro y joyas pesadas.

El 1 de julio de 1520, Cortés y sus hombres se escabulleron del palacio por la noche, en dirección a la calzada de Tlacopan. Un aguacero los ayudó a escapar, enturbiando la visibilidad y manteniendo a la mayoría de la gente en sus casas. Llegaron a la calzada y colocaron su puente portátil sobre el primer vano, pero de repente saltó la alarma en la ciudad. Una mujer que sacaba agua los había visto, al igual que un sacerdote que estaba en lo alto de la gran pirámide. Se apresuraron a cruzar el primer tramo sobre el puente portátil, pero los hombres tuvieron dificultades para volver a subirlo.

De repente, fueron atacados por la espalda y por cientos de canoas en el agua. Los españoles se apresuraron a cruzar la calzada lo más rápido posible, pero se vieron obstaculizados por los grandes cofres del tesoro que transportaban. Algunos de los soldados, agobiados por el peso del oro y las joyas que llevaban en los bolsillos, el cinturón y el cuello, perdieron el equilibrio y cayeron al agua, donde se ahogaron.

La Noche Triste[68]

Cortés y sus principales oficiales iban a caballo y habían saltado por encima de los vanos abiertos de la calzada. Pero la infantería a pie luchaba desesperadamente contra las hordas aztecas mientras intentaban cruzar los vanos. Gran parte del oro y las joyas que habían sacado de la ciudad cayeron al camino o al agua. Ajenos a su situación, Cortés y sus jinetes se adelantaron y llegaron a tierra firme.

Cuando Cortés se dio la vuelta, se dio cuenta de la miserable situación en la que se encontraban sus hombres, mientras contemplaba cómo llegaban tambaleándose españoles y tlaxcaltecas heridos y ensangrentados.

---

[68] https://commons.wikimedia.org/wiki/File:ROHM_D273_Aztecs_continue_their_assault_against_the_conquistadors.jpg

Dio media vuelta y cabalgó de vuelta a la calzada, llorando al darse cuenta de la magnitud de la matanza. El propio Cortés estaba herido y había perdido toda la artillería. Murieron 1.000 españoles y al menos 2.000 de sus aliados indígenas. También murieron algunos miembros de la realeza azteca que apoyaban a los españoles: El hijo de Moctezuma, Chimalpopoca, el príncipe tepaneca Tlaltecatzin y el rey Cacamatzin de Texcoco con sus tres hermanas y dos hermanos. Esta oscura y lluviosa noche de horror fue recordada como la *Noche Triste*, la noche del llanto.

Capítulo 11: La caída de Tenochtitlan

Con los aztecas en acalorada persecución, los tlaxcaltecas guiaron a los españoles alrededor del lago Zumpango, al norte del lago Texcoco. Tres cuartas partes de los conquistadores españoles habían perecido y la mayoría de los supervivientes estaban heridos. Cortés había sufrido una herida en la cabeza, pero dio órdenes de continuar hacia un lugar más seguro. Más tarde dejó constancia de estos hechos en sus cartas al rey Carlos, las *Cartas y relaciones de Hernán Cortés al emperador Carlos V*.

Guiados por sus aliados, los españoles avanzaron trastabillando hacia la seguridad de tierras tlaxcaltecas, llevando a sus heridos a cuestas o en los caballos. Esquivaron constantemente escaramuzas de bandas de aztecas, que mataron a uno de sus caballos; hambrientos, se comieron al animal, sin dejar siquiera su piel. Al cabo de varios días, exhaustos y heridos, llegaron a la ciudad de Otumba, a unos 80 km de Tenochtitlan.

Los aztecas se abalanzaron sobre ellos en Otumba con un ataque tan violento que pensaron que había llegado su último día. Bernal Díaz del Castillo escribió que la caballería castellana logró la victoria en la desesperada batalla. Una y otra vez, los españoles a caballo rompían las filas aztecas, abatiéndolos a diestro y siniestro. Los aztecas nunca habían experimentado un ataque de caballería. Aun así, una horda estimada en 40.000 aztecas amenazaba con arrollar a los españoles.

Batalla de Otumba, por Manuel Rodríguez de Guzmán[69]

La estrategia de batalla de Cortés también ayudó a ganar la batalla. Ordenó a las tropas que se centraran en los líderes y capitanes aztecas. Al reconocer a un jefe de guerra azteca por su distintiva armadura y tocado, los hombres de Cortés separaron a los guerreros de su jefe, mientras un conquistador mataba al jefe y entregaba su estandarte de batalla a Cortés. Con su líder muerto, los aztecas flaquearon y los tlaxcaltecas y españoles pudieron derrotarlos. La guerra de Otumba estaba ganada, pero los 440 conquistadores supervivientes e innumerables tlaxcaltecas estaban heridos.

Los cansados vencedores se quedaron en la colina cercana a Otumba, mirando las montañas a lo lejos, que sus aliados les dijeron que era tierra tlaxcalteca, donde encontrarían seguridad y descanso. Finalmente, una semana después de abandonar Tenochtitlan, llegaron a la ciudad de Galipán. La gente los recibió con amabilidad, curando sus heridas y proporcionándoles comida y agua.

Cortés y su ejército permanecieron allí durante tres días, reuniéndose con los nobles tlaxcaltecas de toda la región. Prometieron a Cortés que lucharían hasta la muerte con él contra sus enemigos, como ya habían demostrado que harían. A cambio, pedían la ciudad de Cholula, una parte igual del botín y la exención de futuros tributos. Una vez renovada la alianza, los tlaxcaltecas dijeron a los españoles que se considerasen en casa, que descansasen y se recuperasen.

---

[69] https://commons.wikimedia.org/wiki/File:Manuel_Rodriguez_de_Guzman_-_Battle_of_Otumba_-_1983.591_-_Museum_of_Fine_Arts.jpg

Durante los meses siguientes, los españoles descansaron y se recuperaron, preparándose para su próximo asalto. Después de *La Noche Triste*, todo parecía sombrío para los españoles, pero Cortés estaba decidido a desafiar todos los pronósticos para alcanzar su objetivo de conquistar el imperio azteca. Los refuerzos llegaron desde el asentamiento de Villa Rica de la Vera Cruz, en la costa, junto con la llegada fortuita de barcos de suministros procedentes de Cuba (destinados a Narváez) y España, que traían más hombres y caballos.

Durante este tiempo, Cortés formó alianzas con las ciudades del pueblo acolhua en la orilla oriental del lago de Texcoco. El rey Ixtlilxóchitl, uno de los tres virreyes de Texcoco y enemigo de Moctezuma II, envió emisarios a Cortés, ofreciéndole sus tropas en el asedio de Tenochtitlan. A cambio, pidió ayuda para vencer a los otros dos virreyes de Texcoco. Estas alianzas eran indispensables para permitir el acceso al lago de Texcoco, por no hablar de proporcionar más guerreros y peones. Una a una, las fuerzas aliadas se abrieron camino a ambos lados del lago y hacia el este, negociando tratados con ciudades como Huejotzingo, Chalco, Tlalmanalco, Xochimilco, Otomí y Tepanco.

Mientras tanto, en septiembre de 1520, los aztecas fueron atacados por la viruela, que duró casi tres meses. Esto mermó su población y desvió su atención de atacar a los españoles o defender sus ciudades-estado alrededor del lago. Entre los fallecidos se encontraba Cuitláhuac, hermano de Moctezuma y nuevo emperador. Le sucedió su primo Cuauhtémoc, el último emperador azteca. En primavera, los aztecas se reunieron para lanzar cuatro ataques contra los españoles y perdieron todos.

Como Tenochtitlan era una ciudad insular y las calzadas suponían una gran complicación, Cortés tuvo la ingeniosa idea de construir una flota de 13 bergantines pequeños y poco profundos para navegar por el lago Texcoco. Puso a trabajar a su maestro carpintero y constructor Martín López, utilizando aparejos, herrajes y velas rescatados de los barcos hundidos. Su plan maestro consistía en transportar los bergantines desmontados por tierra y armarlos cerca del lago.

Mientras sus hombres y aliados se ponían a trabajar cortando madera y construyendo los pequeños barcos, Cortés emprendió una misión de exploración alrededor del lago de Texcoco y los lagos adyacentes. Después de inspeccionar el terreno y tomar nota de la mejor manera de invadir Tenochtitlan por tierra y por agua, Cortés construyó un canal de

12 pies de profundidad en el lado oriental del lago que se extendía hacia donde estaban construyendo los bergantines. Aun así, tuvieron que arrastrar todas las piezas de los barcos durante más de una milla. Se necesitaron 50 días y 8.000 personas para construir las piezas de los barcos, transportarlas hasta el canal, ensamblarlas y botarlas, utilizando la mano de obra de los habitantes de Texcoco.

Los barcos fueron botados en el canal con velas, remos y cañones el 28 de abril de 1521. Cortés pasó revista a sus tropas españolas, contando 86 caballos con jinetes, 118 arqueros y mosqueteros, más de 700 soldados de a pie con espadas y escudos, tres cañones pesados de hierro y quince cañones pequeños de cobre. En cada bergantín había 25 hombres: 12 remeros, 12 arqueros de ballesta y mosqueteros, y un capitán. Alentó a las tropas diciéndoles que se animaran y renovaran el ánimo, ya que Dios los conducía a la victoria, lo que debía inspirarles valor y fervor para vencer o morir.

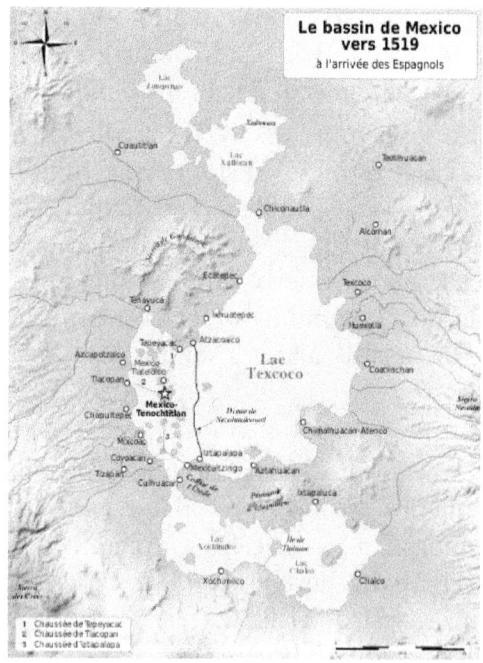

El lago de Texcoco con los lagos adyacentes y los territorios cercanos tal y como aparecía en 1519. Tenochtitlan se encuentra en la orilla occidental conectada por calzadas con tierra firme[70]

---

[70] Archivo:Lago de Texcoco-posclásico.png: YavidaxiuFile:Valley of Mexico c.1519-fr.svg: historicair 13:51, 11 de septiembre de 2007 (UTC) obra derivada: Sémhur, CC BY-SA 4.0 <https://creativecommons.org/licenses/by-sa/4.0>, vía Wikimedia Commons https://commons.wikimedia.org/wiki/File:Basin_of_Mexico_1519_map-fr.svg

Las fuerzas conjuntas de 20.000 guerreros indígenas aliados con los hombres de Cortés y barcos, caballos y cañones enviaron ondas de choque a través del lago. Una división se dirigió a la isla de Chapultepec para cortar el acueducto que suministraba agua dulce a Tenochtitlan. Los barcos y las otras dos fuerzas terrestres tomaron como objetivo la ciudad de Iztapalapa, justo al otro lado de la calzada de Tenochtitlan, lo que les dio la oportunidad de probar los bergantines. Consiguieron rodear la ciudad y anotarse lo que Cortés llamó «una victoria brillantísima».

Mientras los bergantines se acercaban a Iztapalapa, algunas personas habían corrido hacia la montaña próxima a la ciudad y enviaron señales de humo, alertando a Tenochtitlan. De repente, una inmensa flota de unas 500 canoas arremetió contra Iztapalapa. Cuando se acercaron a los barcos, se detuvieron de repente y flotaron en silencio, quizá preguntándose cómo habían llegado los barcos al lago y qué eran capaces de hacer.

En pocos minutos, se levantó un viento que soplaba desde detrás de los barcos. Al instante, Cortés dio órdenes a sus comandantes de navegar hacia las canoas, atravesándolas y persiguiéndolas. Los aztecas huyeron tan rápido como pudieron a remo, pero el viento empujó a los bergantines, que se abalanzaron sobre las canoas, rompiéndolas y arrojando a los aztecas al agua. Siguieron a las canoas durante tres leguas hasta que los que quedaron se refugiaron en la ciudad de Tenochtitlan.

Una división del ejército de Cortés dirigida por Pedro de Alvarado estaba apostada en las colinas de Coyoacán, justo al sur de Tenochtitlan, observando y vitoreando al ver lo bien que actuaban los 13 bergantines y lo rápido que surcaban el agua. Los hombres de Alvarado acababan de cortar el acueducto que llevaba agua dulce a Tenochtitlan, ya que las fuentes termales alrededor de la ciudad hacían que el agua fuera salobre. Ahora, este contingente se dirigía a la ciudad isleña.

Comenzó una gran batalla en la calzada, pero esta vez los españoles tenían ventaja. Los bergantines que rodeaban la ciudad impidieron a los aztecas defender la calzada con sus canoas. Cuando los aztecas de otras ciudades del lago lanzaron un ataque por la retaguardia desde tierra firme, Cortés ordenó a parte de la caballería que vigilara la calzada y a 10.000 aliados indígenas que vigilaran la orilla del lago frente a Tenochtitlan. En ese momento llegó la división de Alvarado, que repelió a los aztecas que habían lanzado el ataque por la retaguardia y cortó las calzadas de acceso a la ciudad. Esto permitió a los bergantines acceder al agua que rodeaba la ciudad y también cortó el acceso terrestre a la ciudad, dificultando la entrada de alimentos y refuerzos.

Asedio de Tenochtitlan, con batallas en las calzadas y en el agua, con los bergantines y las canoas aztecas. La ciudad no está a escala; era mucho más grande que en este cuadro[71]

Los españoles controlaban la calzada con sus miles de aliados de Tlaxcala y otras ciudades-estado. Intentaron entrar en la ciudad, pero los mexicas estaban apostados en los tejados, disparando flechas a cualquiera que se acercara al perímetro. Cortés decidió quemar las casas para que los mexicas no tuvieran la ventaja de los tejados. Utilizando los bergantines, quemaron muchas casas y torres alrededor del borde de la ciudad.

Tenochtitlan tenía una red de canales, como Venecia, y los bergantines navegaron hasta la ciudad a través de los canales, utilizando sus cañones para demoler casas y otros edificios. Cortés y sus fuerzas se abrieron paso hasta el centro de la ciudad, incendiando los templos del centro religioso del Templo Mayor. Finalmente, tras un largo día de lucha, empezó a oscurecer, por lo que Cortés reunió a sus fuerzas para regresar al campamento.

Mientras se retiraban, hordas de mexicas los persiguieron furiosamente, atacando su retaguardia. La caballería arremetió contra los mexicas, empalándolos con sus lanzas. Aun así, con aullidos y gritos, siguieron acercándose, enfurecidos por la consternación de ver a sus

---

[71] https://commons.wikimedia.org/wiki/File:The_Conquest_of_Tenochtitlan.jpg

antiguos aliados aztecas —los texcoco, chalca y otomí— quemando su ciudad y luchando contra ellos, burlándose de los mexicas al gritar los nombres de sus provincias.

En su contraataque, los aztecas mataron a unos 40 españoles y a más de 1.000 aliados indígenas. Capturaron vivos a algunos de los españoles y los arrastraron hasta lo alto de las altas torres del centro de la ciudad, abriéndoles el pecho y sacándoles los corazones palpitantes para ofrecérselos a sus dioses. Los españoles observaban horrorizados desde el perímetro.

El plan inicial de Cortés consistía en retirarse a su campamento en tierra firme por la noche y realizar incursiones en la ciudad durante el día, ganando terreno poco a poco. Esto resultó problemático, ya que una vez que abandonaban la ciudad por la noche, los aztecas construían barricadas y cubrían las calzadas con rocas y piedras para bloquear el paso de los caballos. Cortés acampaba entonces en las calzadas, preparado para luchar si los aztecas se aventuraban a salir. Cada mañana, las fuerzas españolas invadían la ciudad, ganando terreno poco a poco.

Incapaces de atravesar las calzadas, los aztecas que se encontraban fuera de la ciudad empezaron a introducir alimentos de contrabando en canoas, hasta que Cortés ordenó a dos de los bergantines que montaran guardia por la noche. Los habitantes de la ciudad se estaban quedando sin comida ni agua potable. Desesperados, empezaron a beber el agua salobre de los canales contaminados, que les provocó disentería. Miles de personas morían de hambre, sed y enfermedad.

Otras ciudades aztecas de la orilla del lago se rindieron, como Iztapalapa, Churubusco, Culiacán y Mixquic. Un mes después del asedio, más de 20.000 aliados indígenas regresaron a sus hogares, asustados por la profecía de los chamanes aztecas de que los españoles morirían en diez días. Solo unos 200 nobles de Texcoco permanecieron leales durante ese tiempo. Doce días después, al darse cuenta de que la profecía era falsa, los guerreros de Tlaxcala, Cholula, Tepaneca y otras tribus regresaron.

Habían pasado 45 días desde que los españoles lanzaron sus bergantines y sitiaron Tenochtitlan. Cortés decidió que debían presionar más, arrasando la ciudad barrio a barrio, hasta que no quedara ningún lugar donde los mexicas pudieran esconderse. Ese día reunió a más de 150.000 guerreros y logró destruir gran parte de la ciudad.

Conquistadores y aliados indígenas[72]

A continuación, Cortés ordenó a las tres divisiones que invadieran la ciudad desde tres puntos distintos, dirigiéndose hacia el mercado del centro. La división de Alvarado fue la primera en llegar, deteniéndose para ascender a la pirámide, prender fuego al templo de Huitzilopochtli y

---

[72]https://commons.wikimedia.org/wiki/File:ROHM_D201_The_conquistadors_enter_tenochtitlan_to_the_sounds_of_martial_music.jpg

plantar las banderas españolas. Cuatro días después, las otras dos divisiones, dirigidas por Cortés y Sandoval, se abrieron paso hasta el centro.

Cortés subió a lo alto de la torre más alta del complejo del Templo Mayor. Desde allí, se dio cuenta de que aproximadamente siete octavos de la ciudad habían caído, y el resto de la población estaba apiñada en el área restante. La gente se moría de hambre, comiendo las raíces y la corteza de los árboles. Consternado, Cortés ordenó a sus tropas que dejaran de luchar y les ofreció condiciones de paz. Pero los aztecas declararon que nunca se rendirían y que morirían luchando.

Al día siguiente volvieron a entrar en la ciudad y encontraron las calles llenas de mujeres y niños, muertos de hambre y enfermos. Cortés ordenó a sus hombres que no les hicieran daño. Los hombres aztecas permanecieron secuestrados en su fortaleza y no lucharon ese día.

A la mañana siguiente, los españoles y sus aliados se reunieron al amanecer, con los bergantines flotando en el agua a poca distancia de la sección donde se encontraban los aztecas. Se les dijo que cuando oyeran un disparo de mosquete, las tropas terrestres debían invadir ese último reducto, conduciendo a los aztecas hacia el agua y los bergantines. Se les ordenó a todos que vigilaran al emperador Cuauhtémoc; si lograban capturarlo vivo, la guerra habría terminado.

En ese momento, una gran cantidad de hombres, mujeres y niños salieron de los edificios que quedaban, a trompicones y apenas con vida, rindiéndose y buscando refugio con los españoles. Cortés escribió que fue incapaz de contener a los tlaxcaltecas para que no atacaran al indefenso y sufrido pueblo. Cortés escribió al rey Carlos:

> «Nos costó más trabajo impedir que nuestros aliados mataran con tanta crueldad que combatir al enemigo. Porque ninguna raza, por salvaje que sea, ha practicado jamás una crueldad tan feroz y antinatural como los nativos de estas partes. . . También encargué a los capitanes de nuestros aliados que prohibieran, por todos los medios a su alcance, la matanza de estos fugitivos; sin embargo, todas mis precauciones fueron insuficientes para evitarla, y aquel día perdieron la vida más de 15.000personas».

Mientras los tlaxcaltecas masacraban brutalmente a la población, cientos de canoas se lanzaron al lago desde la parte que les quedaba de la ciudad. Los bergantines irrumpieron en medio de las canoas, y el capitán de uno de los barcos observó varias canoas con gente vestida de gala. Era el emperador Cuauhtémoc, ¡acompañado de su familia! Fue apresado al instante y entregado a Cortés.

La guerra terminó con la captura del emperador el 13 de agosto de 1521, tras un asedio de más de tres meses. Cuauhtémoc se acercó y puso su mano sobre la daga de Cortés, pidiéndole que lo golpeara en el corazón. Cortés le dijo: «Has defendido tu capital como un valiente guerrero. Un español sabe respetar el valor, incluso en un enemigo».

Durante los tres días siguientes, incluso después de la rendición, los tlaxcaltecas saquearon la ciudad, violaron a las mujeres y masacraron a los civiles, sin perdonar siquiera a los niños. A los ciudadanos que pudieron escapar se les permitió asentarse en Tlatelolco. Cuando los españoles no encontraron el oro y el botín que esperaban, torturaron a Cuauhtémoc, quemándole las plantas de los pies con carbones al rojo vivo hasta que confesó haber arrojado el oro y las joyas al lago.

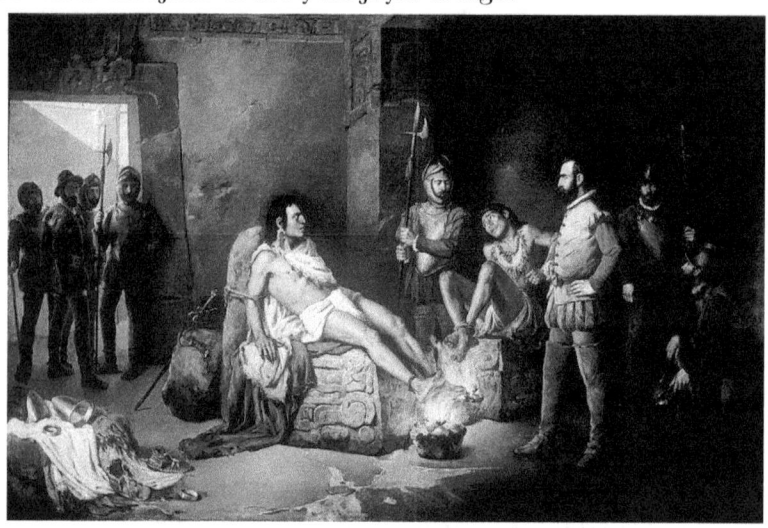

Tortura de Cuauhtémoc. Por Leandro Izaguirre[73]

Cuauhtémoc, bautizado como Fernando Cuauhtémotzín, se estableció en Tlatelolco durante cuatro años, conservando el título nominal de *tlatoani*, aunque ya no era el soberano del imperio. Luego, en 1525, Cortés se llevó a Cuauhtémoc y a varios de sus nobles en una expedición a Honduras, temiendo que Cuauhtémoc se sublevara durante su ausencia. En la expedición, Cortés ejecutó al último emperador azteca en la horca, acusándolo de supuesta conspiración para asesinar a Cortés y a su tripulación.

---

[73] https://commons.wikimedia.org/w/index.php?curid=21809420

Capítulo 12: La fundación de Nueva España

A los españoles que conquistaron el Imperio azteca les interesaban principalmente tres cosas: Dios, la gloria y el oro. Tal vez habría que invertir ese orden. Decían que su principal objetivo era ganar a los indígenas para la fe católica, pero sus acciones (como la crueldad abyecta y la explotación sexual de las mujeres indígenas) enviaban mensajes contradictorios.

La Iglesia española, que acababa de recuperar su país del dominio islámico, se reafirmaba como baluarte del catolicismo. Los gobernantes españoles se empeñaban en difundir la fe católica en sus nuevas colonias. En consecuencia, los frailes católicos solían acompañar a los conquistadores en las campañas militares, atendiendo a los soldados y estableciendo misiones para la población local en cuanto se conquistaba una zona.

El deseo de gloria y oro de los conquistadores, junto con su alejamiento de España, engendraron una mentalidad independiente y a veces insubordinada, como cuando Cortés desafió las órdenes del gobernador de Cuba. Cuando la Nueva España resurgió de las cenizas del Imperio azteca, la monarquía española se dio cuenta de que necesitaba frenar a los conquistadores y establecer un sistema de control y equilibrio. Así surgió el Consejo de Indias, seguido de la Real Audiencia de México y el Virreinato de Nueva España.

El rey Carlos de España creó el Consejo de Indias en 1524 como órgano de gobierno con autoridad suprema sobre todas las colonias españolas en América y las islas del Pacífico. Cuatro años más tarde, creó la primera Audiencia de México para someter a Cortés a la supervisión y control de la monarquía. La presidió Nuño Beltrán de Guzmán, quien torturó y ejecutó sin piedad al emperador tarasco Tangáxoan, a pesar de que se había rendido pacíficamente a España. En lugar de hacer valer la autoridad real sobre los conquistadores, Guzmán abusó de su posición para acumular su propia riqueza y poder. En 1530 se disolvió la Audiencia y, finalmente, Guzmán fue arrestado por traición y atrocidades contra los indígenas, para luego ser enviado a España con grilletes.

El virrey don Antonio de Mendoza y los indios tlaxcaltecas combaten con los caxcanes en la guerra del Mixtón, 1541-42 en Nueva Galicia[74]

El rey Carlos nombró a don Antonio de Mendoza primer virrey de Nueva España (*imagen viva* del rey en México). Mendoza llegó a México en 1537 para ejercer la autoridad en nombre del rey, frenando hábil y diplomáticamente el poder y la ambición de Cortés y otros conquistadores. Consiguió estabilizar los enfrentamientos entre los conquistadores y los indígenas y ayudó a fundar las dos primeras

---

[74] Jaontiveros, CC BY-SA 4.0 <https://creativecommons.org/licenses/by-sa/4.0>, vía Wikimedia Commons, https://commons.wikimedia.org/w/index.php?curid=6222300

universidades de México: el Colegio de Santa Cruz y la Real y Pontificia Universidad de México.

En su mayor parte, los dirigentes de Nueva España mantuvieron la estructura interna preexistente del Imperio azteca. Bajo el dominio español, estas ciudades-estado continuaron en gran medida con su propia nobleza indígena o con gobernadores españoles, pagando tributo a la corona española y continuando con su anterior estructura económica y de tenencia de tierras.

La corona española recompensó a los conquistadores con concesiones de comunidades indígenas enteras en el sistema de trabajo de la *encomienda*. Los indígenas no eran esclavos propiamente dichos, sino que trabajaban en su comunidad como lo habían hecho anteriormente en los pueblos *calpulli* de las civilizaciones mesoamericanas. En este sistema, cada *calpulli* tenía un *teuctli* (terrateniente) que gobernaba la región y distribuía la tierra entre los plebeyos. Los campesinos trabajaban las tierras que les habían sido asignadas, y los agricultores y comerciantes pagaban tributo a su terrateniente con una parte de sus cosechas o de sus productos manufacturados. El sistema de *encomienda* se basaba en el anterior, pero ahora el *teuctli* era un amo español. Algunos de estos amos o señores adquirieron notoriedad por los terribles abusos a los que sometían a sus trabajadores.

Los aztecas tenían un sistema de esclavitud que incluía a los conquistados o a los cautivos de las campañas bélicas (los que no eran sacrificados, esclavizaban a hombres, mujeres y niños, y los marcaban en la mejilla). Cortés poseía unos cientos de esclavos que trabajaban en las minas de oro. La esclavitud de los indígenas de México terminó a mediados del siglo XV y fue sustituida por esclavos negros procedentes de África.

Al establecer la nueva colonia de México, España no envió barcos cargados de familias para colonizar la tierra. A menudo eran solo los conquistadores y los frailes misioneros, sobre todo en los primeros años. Las colonias de Mesoamérica estaban formadas por indígenas con algunos líderes españoles y frailes católicos. Los frailes franciscanos (y más tarde dominicos, agustinos y jesuitas) establecieron misiones en comunidades indígenas existentes y nuevas.

Los españoles convirtieron tierras baldías en grandes ranchos ganaderos y plantaciones (haciendas), con cultivos comerciales como el plátano, el algodón y el café. Estas pequeñas comunidades agrícolas se convirtieron en pueblos y ciudades, como Veracruz y Guadalajara. Los colonos también construyeron nuevas ciudades españolas sobre las antiguas grandes ciudades de los aztecas y otros pueblos indígenas. Por ejemplo, la actual Ciudad de México se asienta sobre lo que fue Tenochtitlan.

Restos del Templo Mayor de Tenochtitlan rodeados por la moderna Ciudad de México[75]

Cuando el Imperio azteca fue sustituido por la Nueva España, la vida cotidiana de los indígenas cambió significativamente en algunas zonas, mientras que otros aspectos de su cultura continuaron como antes. La mayoría siguió hablando náhuatl, que había sido la lengua común del imperio. Algunos nobles indígenas aprendieron español para comunicarse con los españoles. El español se utilizaba sobre todo para asuntos administrativos en los primeros asentamientos coloniales.

Los frailes españoles creían que la gente sería más receptiva a la fe cristiana si se enseñaba en su propia lengua. Para conseguirlo, los frailes aprendieron primero el náhuatl (y otras lenguas) y luego se pusieron a idear una escritura en náhuatl con el alfabeto latino (el mismo alfabeto que se utiliza en español, inglés y la mayoría de las lenguas europeas). Después enseñaron a algunos de los niños y jóvenes indígenas a leer en

---

[75] GAED, CC BY-SA 3.0 <https://creativecommons.org/licenses/by-sa/3.0>, vía Wikimedia Commons https://commons.wikimedia.org/wiki/File:Templo_Mayor_50.jpg

náhuatl, para que pudieran aprender las enseñanzas cristianas básicas y leer las partes de la Biblia que los frailes traducían.

Misión de Santiago en Jalpan, construida en el siglo XVI en Sierra Gorda, Querétaro, México[76]

Al principio, pocos habitantes del antiguo Imperio azteca aprendieron español. Para empezar, la mayoría de la gente común no tenía escuelas, por lo que no había lugar para enseñar una nueva lengua. Las colonias españolas incluso permitían que los documentos, como los certificados de matrimonio, de nacimiento y los títulos de propiedad, se escribieran en náhuatl. No fue hasta 1714 cuando el rey Felipe V de España ordenó que todos los habitantes de la colonia mexicana aprendieran español. En 1770, el rey Carlos III ordenó que el español fuera la única lengua autorizada para la educación, la administración y la documentación (ahí se acabaron los certificados de nacimiento en náhuatl).

Los frailes franciscanos aprendieron las lenguas indígenas y dedicaron mucho tiempo a estudiar la cultura del pueblo. Comprendiendo la cosmovisión de la gente, los frailes pensaron que podían contextualizar el Evangelio, presentándolo de una manera culturalmente relevante. Transcribían durante horas sus entrevistas con los indígenas sobre su historia y su cultura. Algunos de estos relatos han sobrevivido, proporcionándonos una gran cantidad de información sobre los aztecas y

---

[76] Tobiascontreras, CC BY-SA 3.0 <https://creativecommons.org/licenses/by-sa/3.0>, vía Wikimedia Commons
https://commons.wikimedia.org/wiki/File:Misi%C3%B3n_Santiago_de_Jalpan.jpg

otras culturas indígenas del periodo precolombino.

Los frailes dominicos empezaron a llegar en 1525, pero cuestionaron los esfuerzos de los franciscanos por trabajar dentro de la cultura de la población local. Los franciscanos tendían a creer que todas las culturas son una mezcla de bien y mal y que se pueden conservar los aspectos buenos y conectarlos con las enseñanzas de la fe. No trataban de derribar las culturas de los pueblos; solo intentaban erradicar las partes malas (como los sacrificios humanos).

Muchos dominicos creían que las culturas paganas eran intrínsecamente diabólicas —incluso sus lenguas eran diabólicas; su planteamiento era la conversión de la gente mediante el aprendizaje del español y de una forma de vida totalmente nueva. En su afán por erradicar la antigua cultura, destruyeron objetos precolombinos de valor incalculable y códices (manuscritos) nativos. Cuando el pueblo vaciló, los dominicos se quejaron ante el Consejo de Indias de que los indígenas eran incapaces de aprender, rechazaban toda forma de progreso y solo eran dignos de la esclavitud.

El franciscano fray Jacobo de Testera y otros miembros de su orden salieron en defensa de las tribus aztecas, señalando que, si eran incapaces de aprender, no podrían haber desarrollado la sofisticada cultura azteca, con enormes ciudades, una arquitectura impresionante y una artesanía exquisita. El primer concilio eclesiástico de Nueva España acordó que los indígenas podían entender y abrazar la fe, además que eran seres racionales capaces de autogobernarse.

La mayoría de los frailes que trabajaban en la conversión de los mexicas y otros pueblos se alegraron al principio de ver lo rápido que la gente accedía a recibir el bautismo en la fe católica. Más tarde descubrieron que simplemente habían añadido a Jesús y a la Virgen María a su panteón de dioses. En la mente politeísta mesoamericana, no eran más que deidades adicionales. Durante los últimos cien años, los aztecas permitieron a los pueblos que conquistaron seguir adorando a todos sus otros dioses si añadían a Huitzilopochtli como *dios principal*. No percibieron la necesidad de descartar a sus dioses. El sincretismo (mezcla de dos o más religiones) persiguió los esfuerzos de la Iglesia a lo largo de los siglos y, hasta el día de hoy, muchos pueblos de México practican tanto el catolicismo como sus antiguas religiones.

Los frailes estaban divididos sobre si debían bautizar primero a la gente y luego enseñarles la fe, o solo bautizar a las personas a las que se les había enseñado la fe y la habían entendido y recibido como propia. La doctrina católica enseña que el Espíritu Santo habita en la persona en el momento del bautismo (normalmente en la infancia) e inicia la fe. Muchos frailes creían que, sin bautizar primero a la gente, no podrían comprender la enseñanza de la fe. Así, se realizaban bautismos en masa (a veces miles a la vez) para personas que no tenían ni idea de nada relacionado con el cristianismo.

Fray franciscano Bernardino de Sahagún[77]

Independientemente de cuándo se realizara el bautismo, los frailes de todas las órdenes estaban de acuerdo en que había que enseñar a la gente los fundamentos de la fe cristiana. El fray Alonso de Molina tradujo la *Doctrina Cristiana* en 1546, compiló un confesionario español-náhuatl en 1569 y un diccionario en 1571. El fray franciscano Bernardino de Sahagún tradujo al náhuatl un catecismo, los Salmos y los Evangelios, y escribió el *Códice Florentino*, que presentaba la historia y la cultura de los aztecas.

Los frailes misioneros se dedicaron sistemáticamente a construir misiones por todo el país. Contaban con una iglesia para el culto, una sección educativa para enseñar los fundamentos de la fe y viviendas para los frailes. Las misiones también servían como centros comunitarios, con tiendas y bodegas donde los frailes vendían los productos de la agricultura

---

[77] Autor desconocido, CC BY-SA 4.0 <https://creativecommons.org/licenses/by-sa/4.0>, vía Wikimedia Commons
https://commons.wikimedia.org/wiki/File:Bernardino_de_Sahag%C3%BAn.jpg

y la industria. Los frailes también ejercían a veces como funcionarios del gobierno de su zona y a menudo eran firmes defensores de los derechos humanos básicos de los indígenas, aunque algunos eran culpables de abusos.

La educación entró en una espiral descendente tras la colonización española. Los aztecas eran una de las pocas civilizaciones antiguas en las que la educación era obligatoria tanto para niños como para niñas. A los 14 años, los chicos empezaban a asistir a un *calmécac* (escuela para la nobleza) o a un *telpochcalli* (escuela para la gente común). El *calmécac* formaba a los adolescentes para ser administradores, sacerdotes, maestros, curanderos o pintores de códices; las asignaturas incluían historia, rituales religiosos, lectura y escritura, la escritura ideográfica azteca, el sistema calendárico, astronomía, habilidad política y teología. La escuela de los plebeyos (*telpochcalli*) enseñaba lucha militar, historia y religión, además de una habilidad u oficio como agricultura, artesanía, metalurgia o alfarería. Las adolescentes aprendían rituales religiosos, danza, canto, labores domésticas y artesanía. Algunas recibían formación en obstetricia y curación.

Al principio, en las colonias españolas no se hacía nada por educar a los niños, aparte de cierta formación religiosa. En 1536, los franciscanos colaboraron con el virrey don Antonio de Mendoza para establecer el Colegio de Santa Cruz de Tlatelolco con el fin de formar a los jóvenes indígenas en el sacerdocio. Esta fue la primera institución de educación superior en el México de la Nueva España. Los muchachos eran elegidos entre las antiguas familias gobernantes del imperio azteca y se les enseñaba español, latín, náhuatl (lectura), música, lógica, filosofía y medicina.

El colegio no produjo sacerdotes indígenas, en parte porque los dominicanos promulgaron leyes que prohibían ordenarse como sacerdotes a la población nativa. Sin embargo, produjo jóvenes con conocimientos avanzados de idiomas que ayudaron enormemente a los franciscanos en sus esfuerzos de evangelización y en el registro de la historia y la cultura indígenas.

El colegio de San José de los Naturales fue fundado por los franciscanos en Ciudad de México para formar a niños en oficios y artesanía. Los franciscanos también formaron escribas en lengua náhuatl para crear documentos como testamentos, peticiones a la corona, contratos de compraventa, censos y otros registros legales locales. Aparte de estos esfuerzos, la mayor parte de la población carecía de escolarización y era analfabeta. Pocas niñas recibían educación, salvo un puñado en colegios de monjas. Las niñas de las familias elitistas recibían clases particulares.

Mujer mexica cocinando maíz, del Códice Florentino[78]

A los amantes de la comida mexicana les interesará saber que no ha cambiado mucho desde la época azteca. La dieta azteca se basaba principalmente en plantas: maíz, judías, tomates, guacamole, calabaza y chiles. Hacían tortillas y tamales, como hoy, y de vez en cuando comían pescado o caza silvestre. En algunas zonas criaban perros domesticados para el consumo.

El mayor cambio que introdujeron los españoles en la dieta azteca fueron los productos lácteos y la carne de animales domesticados, como vacas, pollos, cerdos, patos y cabras. Los aztecas no tenían animales de granja, así que esto era algo nuevo para ellos. Empezaron a hacer queso con leche de vaca y cabra, ¡y por eso nuestros tacos llevan queso hoy en día! Los españoles también trajeron plataneras, caña de azúcar, arroz, aceite de oliva, ajo y otras especias. Los frailes españoles intentaron suprimir el uso de hongos alucinógenos que utilizaban los aztecas en sus ceremonias religiosas, pero eso persistió silenciosamente hasta los tiempos modernos.

---

[78] https://commons.wikimedia.org/wiki/File:Blowing_on_maize.jpg

La institución del matrimonio experimentó cambios tras el control español, especialmente entre la nobleza. En la cultura azteca, los hombres se casaban a los veinte años y las mujeres a los dieciséis. Los padres concertaban los matrimonios, a veces recurriendo a un casamentero. Los jóvenes de las familias de élite solo podían casarse con otros nobles y a menudo eran peones en los planes de sus familias para crear alianzas magistrales con otras familias importantes.

Aunque sus matrimonios eran concertados, las parejas gozaban de cierta autonomía, ya que cuando nacía su primer hijo podían decidir si querían permanecer en el matrimonio o seguir caminos separados. El adulterio se castigaba con la muerte en la ciudad-estado de Texcoco y en algunas otras ciudades. Los hombres aztecas corrientes solían tener una sola esposa, pero los de clase alta podían tener varias esposas y concubinas. Los *tlatoani*, y especialmente los *huey tlatoani*, eran conocidos por tener harenes con muchas esposas y concubinas.

Cuando los españoles convirtieron a los aztecas al catolicismo, prohibieron la poligamia. Obligaron a los *tlatoani* de Chalco y a otros nobles a elegir una esposa con la que quedarse y abandonar al resto. Las esposas secundarias y sus hijos no tenían reconocimiento legal en el nuevo dominio español. Los hijos eran considerados ilegítimos y desheredados de propiedades y rango.

Los españoles no practicaban lo que predicaban en materia de monogamia. Miles de españoles —en su mayoría hombres— inundaron Nueva España en los dos siglos siguientes. Muchos eran solteros, y muy pocos de los casados trajeron a sus esposas e hijos. Los solteros solían casarse con las indígenas o vivir fuera del matrimonio con ellas. Los casados tomaban amantes entre las mujeres aztecas. Un ejemplo de ello es el propio Cortés.

Cortés estaba casado con Catalina Suárez Marcayda cuando llegó a México, pero la dejó en Cuba. Poco después de su llegada a México, Cortés contrató a una esclava, doña Marina, como traductora y amante, prometiéndole que la liberaría de la esclavitud si lo ayudaba con Moctezuma. La esposa de Cortés, Catalina, se unió a él en 1522; tres meses después, murió repentinamente, tras un arrebato de ira contra doña Marina, que estaba embarazada del hijo de Cortés, Martín. Cortés fue acusado de asesinato, pero se retiraron los cargos. Cuando Marina dio a luz, Cortés reconoció a Martín como hijo suyo y lo legitimó en 1529.

Además, en 1529 se casó con una noble española, doña Juana de Zúñiga, pero poco antes Cortés había pretendido a doña Isabel, hija de Moctezuma II. Isabel había sido la novia excepcionalmente joven de dos emperadores aztecas. Tras la muerte de su padre, se casó rápidamente con su tío Cuitláhuac, el nuevo *Huey Tlatoani*. Ese matrimonio duró 80 días antes de morir de viruela. Su primo, Cuauhtémoc, se convirtió en emperador y se casó con doña Isabel.

Cinco años más tarde, Cortés ejecutó al marido de Isabel, el último emperador azteca, y la entregó en matrimonio a su amigo Alonso de Grado, que murió pocos meses después. En ese momento, Cortés se llevó a Isabel a su propia casa. Lo que ocurrió a continuación —violación o seducción— dejó a Isabel embarazada de la hija de Cortés. Para encubrir su indiscreción y poder casarse con doña Juana, Cortés casó rápidamente a Isabel con otro amigo, Pedro Gallego de Andrade; Leonor Cortés-Moctezuma nació unos cinco meses después. Isabel no quiso saber nada del bebé, sugiriendo que Leonor era fruto de una violación. Cortés la entregó a un pariente lejano para que la criara, pero se encargó de su cuidado y la incluyó en su testamento.

Niño mestizo[79]

---

[79] https://commons.wikimedia.org/wiki/File:Mestizo._Mestiza._Mestiza.jpg

Lo que Cortés hizo a Marina e Isabel (y probablemente a otras mujeres indígenas) fue repetido miles de veces por otros hombres españoles. Violadas, esclavizadas, esposas o amantes, miles de mujeres aztecas tuvieron hijos de padres españoles. A estos niños se los llamó mestizos, una categoría del sistema de castas del México colonial. El gobierno español impuso el complejo sistema de castas, que determinaba el estatus legal y social de una persona. El sacerdote decidía la casta de un niño en el bautismo.

La casta dependía de dos factores básicos: dónde había nacido una persona y quiénes eran sus padres. Los cuatro niveles fundamentales (y había muchos más) eran:

    Peninsulares: españoles de pura cepa nacidos en España.

    Criollos: españoles de pura cepa nacidos en las colonias.

    Mestizo: persona de ascendencia mixta española e indígena.

    Indios: indígenas de México.

La casta determinaba la vocación, el rango y la capacidad de acumular riqueza. Solo los peninsulares podían ocupar los más altos cargos administrativos y eclesiásticos. A los mestizos no se les permitía asistir a la universidad, ingresar en el sacerdocio, ocupar cargos en el gobierno ni formar parte de los gremios de orfebres u otros artesanos. El sistema generó descontento entre las castas inferiores y acabó provocando la guerra de Independencia de México en 1810.

SECCIÓN CUATRO: ARTE, CULTURA Y LEGADO

Capítulo 13: La religión azteca

Cuando los mexicas abandonaron su tierra natal de Aztlán, iban acompañados de su patrón Huitzilopochtli, el dios colibrí sediento de sangre. A lo largo de los siglos, al incorporar otras deidades de las culturas que encontraron, acumularon una inmensa variedad de dioses y diosas. Como los aztecas se apropiaron libremente de los dioses de otras tribus, a veces sus deidades tenían identidades que se solapaban. Por ejemplo, la serpiente emplumada, Quetzalcóatl, era el dios del viento, la creación y la lluvia, pero Tláloc también era el dios de la lluvia, y Ometéotl y Coatlicue eran deidades creadoras.

Las funciones y atributos del panteón de dioses aztecas eran fluidos. La palabra náhuatl *téotl* suele traducirse como dios, pero también puede significar poder sagrado. Algunos expertos sostienen que no deberíamos categorizar a estos dioses como personalidades discretas (como ocurre con los dioses griegos y romanos), sino como fuerzas o poderes panteístas que se mueven por el cosmos. Por ejemplo, Tláloc podría entenderse como la fuerza o el poder asociado con la lluvia, más que como un dios.

H. B. Nicholson, erudito de la cultura azteca, clasificó a sus dioses en tres grupos. El primer grupo, creadores celestiales, incluía a Ometéotl (creador del universo) y Coatlicue (diosa de Aztlán, creadora de la luna y las estrellas, y madre de Huitzilopochtli). El dios más importante del segundo grupo, los dioses de la lluvia y la fertilidad agrícola, era Tláloc, dios de la lluvia y las tormentas. El tercer grupo, dioses de la guerra-sacrificio/nutrición del Sol y la Tierra, incluía a Quetzalcóatl (dios del viento, el aire y el aprendizaje), Huitzilopochtli (dios de la guerra y el sol),

Mictlantecuhtli (dios del inframundo), Mixcóatl (dios de la caza, antepasado de los toltecas, padre de Quetzalcóatl) y Tezcatlipoca (dios de la noche y la hechicería).

Maqueta de los templos duales de Tláloc y Huitzilopochtli en la pirámide del Templo Mayor[80]

Cuando los españoles llegaron a la capital azteca de Tenochtitlan, observaron santuarios duales en la cima de la pirámide mayor (Templo Mayor), donde se rendía culto a los dioses Tlaloc y Huitzilopochtli. Un templo en la plaza frente al Templo Mayor estaba dedicado a Ehécatl, dios del viento y una manifestación de Quetzalcóatl. Estos eran tres de los cuatro dioses aztecas más importantes.

El cuarto de los dioses importantes era el poderoso aliado de Huitzilopochtli, el dios tolteca Tezcatlipoca. Se lo conocía como el *adversario y el enemigo de ambos bandos*. En la mitología tolteca, era hermano de Quetzalcóatl, pero también su enemigo. Aunque podía perdonar pecados, curar enfermedades y liberar a un hombre de su destino ordenado, era poco probable que hiciera algo bueno por nadie debido a su naturaleza arbitraria. Era más probable que trajera sequía y hambruna. Los aztecas lo llamaban «Aquel de quien somos esclavos».

La religión azteca impregnaba todos los estamentos de la sociedad. El estado azteca era una teocracia, en la que la política y la religión estaban entrelazadas. Los reyes presidían como sacerdotes los festivales mensuales y las ceremonias estatales, con la carga de estabilizar tanto el mundo político como el cósmico. Todos los ciudadanos participaban en los ritos diarios. Cortés escribió que la gente quemaba incienso en sus templos cada mañana antes de empezar su trabajo del día. Dijo que a veces practicaban sangrías, en las que se cortaban el cuerpo y dejaban que la

---

[80] https://commons.wikimedia.org/wiki/File:Guide_leaflet_(1901)_(14581791148).jpg

sangre fluyera sobre sus ídolos y la rociaran alrededor de los templos.

En un ritual de suplantación de deidades, los sacerdotes elegían a un joven guerrero sin ningún defecto para ser *ixiptla*, convirtiéndose en un dios determinado durante una temporada. Los aztecas creían que esta persona se convertía realmente en ese dios —y se vestía como tal— recibiendo honores, comida y mujeres consortes durante un año. Se le rendía culto hasta que llegaba el inevitable día del sacrificio.

Los rituales aztecas solían representar sus mitos. El Templo Mayor simboliza uno de los mayores mitos asociados a Huitzilopochtli. Cuando estaba en el vientre de su madre, Coatlicue, su hermana Coyolxauhqui y sus 400 hermanos atacaron a su madre. Justo en ese momento, Huitzilopochtli salió del vientre para defender a su madre, completamente crecido y armado para la batalla. Mató a su hermana, la decapitó y la arrojó por el monte Coatepec. Cuando su cuerpo llegó al fondo de la montaña, se rompió en mil pedazos, pero su cabeza voló hacia el cielo y se convirtió en la luna. Huitzilopochtli también se comió los corazones de sus 400 hermanastros.

Piedra monolítica que representa el cuerpo desmembrado de Coyolxauhqui después de que Huitzilopochtli la decapitara y la arrojara montaña abajo[81]

---

[81] Fotografía de Mike Peel (www.mikepeel.net)., CC BY-SA 4.0 <https://creativecommons.org/licenses/by-sa/4.0>, vía Wikimedia Commons
https://commons.wikimedia.org/wiki/File:Templo_Mayor_2015_007.jpg

En 1978, unos electricistas que excavaban en la base de la pirámide del Templo Mayor descubrieron una enorme piedra monolítica que representaba el cuerpo desmembrado de Coyolxauhqui. Esta enorme piedra redonda estaba al pie de las escaleras que subían al templo de Huitzilopochtli. La pirámide simbolizaba las laderas del monte Coatepec con el cuerpo de su hermana en la parte inferior. En la cima, se ofrecían a Huitzilopochtli los corazones de las víctimas de los sacrificios para que se los comiera.

Los aztecas seguían dos calendarios. Uno era el calendario solar natural de 365 días y el otro era un calendario religioso de 260 días dividido en unidades de 20 días. Cada unidad tenía sus propios dioses, con sus correspondientes festivales y rituales. Por ejemplo, se sacrificaban niños durante el festival de *Atlcahualo*, en honor a Tláloc, dios de la lluvia. Al mes siguiente se celebraba la fiesta de *Tlacaxipehualiztli*, en la que se desollaba a los cautivos y los sacerdotes vestían la piel de la víctima durante 20 días.

Cada 52 años, los dos calendarios se alineaban, y esto se celebraba con la extravagancia de la ceremonia del Fuego Nuevo. En los meses y años previos a la ceremonia de los 52 años, los templos piramidales se ampliaban y se hacían más altos. Como preparación, la gente se deshacía en sus casas de su ropa vieja, utensilios de cocina y otros enseres domésticos para renovar sus vidas para el nuevo ciclo de 52 años.

Todos los fuegos se apagaban al atardecer, cuando los sacerdotes marchaban hacia la cima del monte Huizachtecatl, una montaña volcánica situada en la orilla oriental del lago de Texcoco que podía verse desde las ciudades que rodeaban el lago. Los sacerdotes sacrificaban a una víctima en la cima de la montaña y encendían una hoguera en su pecho. Ese fuego encendía una hoguera cercana, lo que significaba el nuevo ciclo de 52 años. Los corredores encendían antorchas de la hoguera y las llevaban montaña abajo para encender fuegos en los templos y las casas.

Los aztecas criaban perros, águilas, jaguares y ciervos para sacrificarlos a sus dioses. Se sacrificaban mariposas y colibríes a Quetzalcóatl. El autosacrificio y la sangría también eran comunes. La gente utilizaba las puntas espinosas de la planta de agave para perforarse los lóbulos de las orejas, la lengua o los genitales, o se apuñalaban con cuchillos. Si se sorprendían a sí mismos pronunciando palabras hirientes o escuchando chismes, se cortaban la lengua o las orejas para librarse del espíritu malévolo. Si cometían pecados más graves, se estrangulaban o saltaban al vacío.

Un sacerdote era conocido como un *dador de cosas*, y su deber era dar a los dioses lo que se les debía mediante sacrificios, ofrendas y ceremonias. El *tlatoani* de Tenochtitlan era el rey-sacerdote de Huitzilopochtli, y asistía a los rituales estatales en los templos principales. El Imperio azteca tenía dos sumos sacerdotes que gobernaban los centros de peregrinación de Cholula y Tenochtitlan; eran algo así como arzobispos e incluso ejercían su ministerio fuera del territorio azteca. Bajo estos dos hombres había muchos niveles de sacerdotes, sacerdotisas, monjes y monjas que atendían los santuarios de sus deidades.

Cortés escribió que había templos y santuarios en todos los distritos de Tenochtitlan y sus suburbios. Según él, las viviendas de los sacerdotes estaban junto a los santuarios. Los sacerdotes vestían ropas negras y nunca se cortaban ni peinaban el pelo desde que entraban en el sacerdocio hasta que lo abandonaban. Los hijos de nobles y ciudadanos respetables ingresaban en el templo alrededor de los siete u ocho años, donde vivían como novicios y sacerdotes célibes hasta que sus padres concertaban un matrimonio para ellos. No se les permitía el contacto con mujeres y debían abstenerse de ciertos alimentos.

En el *Códice Florentino*, el fraile franciscano Sahagún escribió sobre curanderos o chamanes que viajaban de un lugar a otro, atendiendo dolencias tanto espirituales como físicas y utilizando hongos psicodélicos y otras plantas para tratar a los pacientes. También mencionaba a encantadores que se dedicaban a la magia negra y a lo oculto, moliendo las semillas de la planta de la gloria de la mañana para hacer té de *Ololiuqui*, que provocaba visiones. Sahagún describía la intoxicación con Ololiuqui como perturbadora, que trastornaba o poseía a la persona y le hacía ver cosas aterradoras.

El principal complejo de templos de Tenochtitlan[82]

Delante de cada templo principal había un gran patio donde la gente se reunía para cantar, bailar, ver los rituales religiosos, disfrutar de los hongos psicodélicos y beber chocolate. Atrapados por el ritmo de las flautas y los tambores, la gente se perforaba y rociaba con su sangre a los ídolos. Los *calli* (templos) estaban tenuemente iluminados por las brasas que quemaban incienso, llenando la oscuridad de humo. El suelo estaba cubierto de flores y empapado con la sangre de los sacrificios. En las alcobas que rodeaban el templo, los ídolos se sentaban en sus pedestales, cubiertos de joyas, velos, plumas y campanillas.

En una carta al rey de España, Cortés escribió sobre un templo especial de Tenochtitlan, probablemente el Templo Mayor:

«Entre estos templos hay uno que supera con mucho a todos los demás, pues dentro de su recinto, rodeado por un alto muro, hay espacio suficiente para una ciudad de quinientas familias. Alrededor del interior de este recinto hay hermosos edificios, que contienen grandes salones y corredores, en los que residen las personas religiosas adscritas al templo. Hay cuarenta torres, que son altas y bien construidas, la mayor de las cuales tiene cincuenta escalones que conducen a su cuerpo principal y es más alta que la torre de la iglesia principal de Sevilla...

»El interior de las capillas que contienen los ídolos está formado por una curiosa imaginería, forjada en piedra con techos

---

[82]https://commons.wikimedia.org/wiki/File:General_guide_to_the_exhibition_halls_of_the_American_Museum_of_Natural_History_(1911)_(14595489267).jpg

de escayola y carpintería tallada en relieve, pintada con figuras de monstruos y otros objetos. Cada capilla está dedicada a un ídolo en particular, al que rinden devoción. Hay tres salas en este gran templo, que contienen los principales ídolos; de las salas salen capillas con puertas muy pequeñas, a las que no se admite la luz, ni a ninguna persona excepto a los sacerdotes, y no a todos».

Prisionero conducido a la cima de una pirámide para ser sacrificado[83]

Los aztecas creían que el cuerpo humano era un depósito sagrado de fuerzas divinas, con la capacidad de liberar su energía al cosmos. La cabeza y el cabello contenían *tonalli*, una energía responsable de la fuerza y la salud del cuerpo. El corazón contenía *teyolía*, ligada al razonamiento y la percepción humanas. Era como un fuego divino, especialmente fuerte en los sacerdotes. Cuando una persona moría, el *teyolía* abandonaba el cuerpo, y cuando moría un guerrero, su *teyolía* se elevaba hacia el sol. Los aztecas percibían el sacrificio humano como un medio de reciclar la energía. La energía liberada por las víctimas del sacrificio nutría a los dioses, que a su vez nutrían a los humanos mediante la lluvia, los alimentos y otras provisiones. Alrededor de 20.000 personas eran víctimas de sacrificios cada año en distintos tipos de rituales ceremoniales.

---

[83] https://commons.wikimedia.org/wiki/File:COM_V2_D273_Prisoners_for_sacrifice_were_decorated.png

Algunos sacrificios imitaban el desmembramiento de la hermana de Huitzilopochtli, Coyolxuahqui, cortando los brazos y los muslos de la víctima. Un sacrificio infame se practicaba durante el festival anual de Tóxcatl, que celebraba al dios *espejo humeante* Tezcatlipoca. Se trataba de un ritual de personificación del dios en el que participaba un joven guerrero en perfectas condiciones, que vivía durante un año como el dios *Tezcatlipoca*. Antes y durante la matanza, el pueblo se reunía en la vasta plaza del Templo Mayor, practicándose perforaciones hasta que el pavimento manaba sangre. Mientras los sacerdotes llevaban a cabo las fases del ritual, la gente saltaba y giraba al son de la música de percusión, dirigida por bailarines con llamativos trajes. Después de matar al joven, el sacerdote colocaba su cabeza en el estante de calaveras. La calavera representaba la fuerza divina del *tonalli*, que residía en la cabeza.

A partir de 2015, el Instituto Nacional de Antropología e Historia recogió unos 200 cráneos del *tzompantli* (estante de cráneos) en la zona del Templo Mayor. El análisis de los cráneos mostró que el 75% de los cráneos encontrados eran de hombres jóvenes en edad guerrera, mientras que el 20% eran mujeres y el 5% niños. El tamaño de la torre que sostenía el estante sugiere que se expusieron miles de cráneos.

Este recipiente de piedra con forma de jaguar se utilizaba para guardar los corazones de las víctimas de los sacrificios[84]

Huitzilopochtli, el dios colibrí, enseñó a los mexicas el sacrificio humano después de que abandonaran Aztlán. Una vez que establecieron

---

[84] Luidger, CC BY-SA 3.0 <http://creativecommons.org/licenses/by-sa/3.0/>, vía Wikimedia Commons
https://en.wikipedia.org/wiki/Human_sacrifice_in_Aztec_culture#/media/File:20041229-Ocelotl-Cuauhxicalli_(Museo_Nacional_de_Antropolog%C3%ADa)_MQ.jpg

la Triple Alianza con otras tribus aztecas, su dios exigió alimentarse de un suministro recurrente y creciente de sangre, corazones y otras partes del cuerpo de víctimas humanas. Los sacerdotes empujaban y arrastraban a la víctima hasta el santuario del dios en lo alto de la pirámide del Templo Mayor, donde cuatro sacerdotes ataban a la víctima, sujetándola en una mesa de sacrificios. El sumo sacerdote (o el *tlatoani*) apuñalaba a la víctima en la parte superior del abdomen, metía rápidamente la mano bajo la caja torácica, arrancaba el corazón del cuerpo y lo sostenía en alto —aún latiendo— ante la imagen de Huitzilopochtli. A continuación, el sacerdote o el rey colocaba el corazón en la vasija del jaguar, o en la jofaina sostenida por la figurilla del *chac mool*. Las vísceras se daban de comer a los animales del zoológico de Moctezuma. A veces se practicaba el canibalismo ritual, comiéndose los muslos y los brazos de la víctima.

Chac Mool, del Templo Mayor, sosteniendo una jofaina utilizada para recibir la sangre o el corazón de una víctima de sacrificio[85]

Junto al templo de Huitzilopochtli, en la cima de la pirámide del Templo Mayor, se erigía el templo a juego del dios de la lluvia Tlaloc, que exigía las lágrimas de los niños; los hijos pequeños de familias nobles eran ofrecidos por sus padres. El *Códice Ixtlilxóchitl* estimaba que el 20% de los niños aztecas eran sacrificados cada año; sus lágrimas goteando sobre el suelo harían que Tlaloc hiciera llover sobre la tierra en la época de siembra. El *Códice Magliabecchiano* registra niños sacrificados por

---

[85] HJPD, CC BY 3.0 <https://creativecommons.org/licenses/by/3.0>, vía Wikimedia Commons
https://commons.wikimedia.org/wiki/File:TemploMayor4.jpg

ahogamiento y menciona dos casos de sacrificio de recién nacidos. Según este códice, cinco de los 18 festivales del año religioso azteca incluían el sacrificio de niños.

En 2008, los arqueólogos analizaron los esqueletos de 31 niños encontrados en la excavación del Templo R de Tlatelolco (justo al lado de Tenochtitlan), dedicado a Ehécatl-Quetzalcóatl, el dios tolteca-azteca del viento y la lluvia. Dos tercios de los niños eran bebés y niños pequeños, en su mayoría varones. Las pruebas arqueológicas indican que todos fueron asesinados en una misma ceremonia, probablemente durante la gran sequía de 1454-57 e. c.

Algunos vestigios de la religión azteca han perdurado durante el periodo colonial y hasta nuestros días. Los aztecas del norte de Veracruz aún veneran a un dios llamado Ometotiotsij, que probablemente sea Ometéotl, el dios creador. Los mexicanos celebran el Día de los Muertos incorporando ritos indígenas asociados con el dios del inframundo, Mictlantecuhtli, y su esposa, Mictecacíhuatl.

La práctica del curanderismo (medicina popular tradicional) se remonta a la época azteca y está muy extendida en México en la actualidad. Los curanderos tradicionales son especialmente importantes si la enfermedad parece deberse a la brujería. Se cree que los curanderos tienen poder espiritual y utilizan oraciones y conjuros, ofrendas de incienso y comida, diversas hierbas y, ocasionalmente, sangre de un pollo sacrificado.

Algunos mexicanos de la región de Puebla, al este de Ciudad de México (antigua región azteca y totonaca), siguen adorando al dios del sol Tonatiuh (una manifestación de Quetzalcóatl), al que llaman Jesús en español. En los primeros tiempos de la colonia, los frailes franciscanos enseñaban a la gente sobre Jesús, con pasajes como Lucas 1:78 sobre que «el sol naciente vendrá a nosotros desde el cielo». En la mente azteca, Tonatiuh se convirtió en Jesús, también conocido como el *Cristo solar*.

Danzantes en la fiesta del 12 de diciembre de Nuestra Señora de Guadalupe, frente a su basílica[86]

Tonantzin era una diosa azteca llamada *madre tierra* y *honrada abuela*. Llegó a asociarse con la Virgen María. La basílica de Guadalupe se construyó para honrar a la Virgen María (tras varias visiones de María a dos hombres, en las que aparecía como una princesa azteca). El santuario se construyó en el lugar donde había un templo de Tonantzin y es el santuario católico más visitado del mundo. La Virgen de Guadalupe también es conocida como la «reina de México». Los aztecas transmitieron su culto a Tonantzin a la Virgen de Guadalupe del mismo modo que sincretizaron las enseñanzas y rituales del catolicismo con su cosmovisión y religión aztecas.

---

[86] Johnoregon, CC BY-SA 4.0 <https://creativecommons.org/licenses/by-sa/4.0>, vía Wikimedia Commons https://commons.wikimedia.org/wiki/File:Danzantes_Bas%C3%ADlica_de_Guadalupe.jpg

Capítulo 14: Artesanía, comercio y vida social

Todo se vino abajo con la llegada de los españoles. Hasta entonces, los aztecas vivían en una sociedad claramente estratificada, unificada por el afán común de expandir su imperio y difundir su religión. La clase comerciante estaba alcanzando su apogeo cuando Cortés invadió el país, y los mercaderes estaban adquiriendo una riqueza comparable a la de la aristocracia. ¿Acaso los poderosos mercaderes y comerciantes de clase media habrían acabado por romper las estrictas barreras de la clase dominante, generando una estratificación más fluida? No queda más que especular sobre cómo podría haber evolucionado el gran Imperio azteca.

El destino de un niño azteca dependía principalmente de sus padres: su linaje y su posición en la jerarquía social claramente definida. En la cúspide estaba la nobleza, que incluía líderes políticos, jueces, sacerdotes y comandantes militares. A continuación, estaban los artesanos, arquitectos, mercaderes, comerciantes y funcionarios administrativos inferiores. Por debajo estaban los trabajadores de la construcción, los obreros y los agricultores y, por último, los esclavos. Los jóvenes tenían pocas oportunidades de ascender por encima de la posición social de sus padres a menos que demostraran méritos inusuales.

Había cuatro formas de convertirse en *tlacotin* (esclavo) en la sociedad azteca. Un niño o un adulto podía ser capturado en la guerra o enviado como tributo por las ciudades-estado conquistadas. Los adultos solían ser sacrificados, pero los niños, las mujeres hermosas y algunos hombres eran mantenidos como esclavos. A veces, los criminales eran condenados a la esclavitud. Si alguien apostaba demasiado y se endeudaba mucho, podía venderse. La esclavitud no siempre era para toda la vida; se podía comprar la libertad. Los amos rara vez revendían a los esclavos sin su consentimiento.

Los esclavos se utilizaban para trabajos agrícolas y de construcción, así como para sirvientes domésticos; se compraban esclavas hermosas para que fueran concubinas de la nobleza. Los esclavos educados, hábiles o que aprendían con rapidez podían ascender a puestos más altos, como la gestión de la finca o el negocio de su dueño. Incluso podían ser dueños de otros esclavos. Las leyes aztecas protegían a los esclavos de los abusos (salvo los sacrificios humanos) y les permitían casarse con ciudadanos libres. La esclavitud no se heredaba; los hijos de esclavos eran libres.

El grupo más numeroso de la sociedad azteca era el de los agricultores (*macehualli*). En el nivel inferior se encontraban los jornaleros, que araban los campos, plantaban, regaban, desherbaban y cosechaban. Por encima de ellos estaban los especialistas, que aplicaban la rotación de cultivos, supervisaban la construcción de los jardines flotantes y los campos en terrazas, y supervisaban la siembra, el trasplante y la cosecha. Todos los campesinos debían unirse a las campañas militares en la pausa entre la cosecha y la siembra, y los trabajadores del campo ayudaban en la construcción de carreteras y templos fuera de temporada.

Riego, del Códice Florentino[87]

---

[87] https://commons.wikimedia.org/wiki/File:Irrigaci%C3%B3n_con_uictli_C%C3%B3dice_Florentino_libro_XI_f.228.jpg.

Los aztecas disfrutaban de una agricultura productiva, incluso sin caballos o mulas que los ayudaran a arar o a arrastrar cargas. Algunas partes del imperio estaban perfectamente irrigadas, pero otras necesitaban riego, sobre todo en épocas secas o de sequía. Los agricultores de Mesoamérica habían utilizado sistemas de riego durante siglos, pero los aztecas lo llevaron a un nivel superior con canales más complejos y extensos, incluso desviando ríos para satisfacer sus necesidades. Las ciudades-estado aztecas alrededor del lago de Texcoco se encontraban en una región montañosa, por lo que construyeron terrazas en las colinas y montañas, donde las semillas podían plantarse en terreno llano.

Las *chinampas* (jardines «flotantes») se utilizaban mucho para cultivar hortalizas y flores. Se construían dragando barro del fondo del lago y alternándolo con materia vegetal hasta conseguir pequeñas islas rectangulares donde cultivar. Estas islas estaban atravesadas por una red de canales a los que los campesinos podían acceder en canoa. Las chinampas eran tan fértiles que podían producir siete cosechas al año; las plántulas se sembraban en balsas y luego se trasplantaban. La propia Tenochtitlan tenía un sistema de chinampas, pero su enorme población dependía de las extensas chinampas del lago Xochimilco, al sur y conectadas con el lago Texcoco. Los agricultores de Xochimilco transportaban productos y flores en barco a Tenochtitlan y otras ciudades del sistema lacustre.

Los aztecas estaban excepcionalmente orgullosos de sus artesanos, a los que llamaban *tolteca* en honor a la muy estimada civilización tolteca que precedió a los aztecas y pasó a formar parte de su linaje a través de los matrimonios mixtos. Los hábiles artesanos aztecas eran muy respetados y creaban su asombrosa carpintería, cerámica, metalistería, tallas en piedra y otras artesanías en grandes talleres. Estos instruidos artesanos realizaban mediciones utilizando la geometría y empleaban herramientas de cobre y obsidiana para tallar y esculpir la piedra y la madera.

Un oficio importante para los artesanos era la construcción de armas para la guerra que caracterizaba a los aztecas. Fabricaban cerbatanas de 2 metros de largo con dardos recubiertos de secreciones de ranas venenosas, mazos de guerra con hojas de obsidiana afiladas, hachas con cabezas de piedra o cobre, y dagas con empuñaduras bellamente talladas en sílex u obsidiana.

La construcción de barcos era un oficio esencial porque Tenochtitlan era una isla situada en un gran lago conectado a otros lagos. Los aztecas utilizaban las vías fluviales para viajar de una ciudad a otra y para navegar por el sistema de canales que entrelazaba los barrios de Tenochtitlan. Las canoas excavadas de fondo plano se utilizaban para cultivar las chinampas y para el transporte a través de los canales, tierra firme y alrededor del lago. Los aztecas también construían balsas de tablones atados con fibras tensas para transportar objetos grandes, como figurillas de piedra. Los ingenieros y artesanos debían diseñar y construir canales, diques y acueductos para el transporte, la gestión de las fluctuaciones del nivel del agua y el suministro de agua potable.

Los carpinteros construían casas y templos de madera, piedra o ladrillos de adobe con tejados de paja o pizarra. Los canteros aztecas cubrían el exterior de los edificios con yeso de piedra caliza y tallaban intrincados diseños en la fachada de templos y palacios. Las casas albergaban a generaciones de familias en habitaciones construidas alrededor de un patio central.

Arquitectos y urbanistas diseñaron meticulosamente el plano de la capital, Tenochtitlan, antes de su construcción. Con una población estimada de 200.000 habitantes, la ciudad tenía cuatro cuadrantes, cada uno de los cuales albergaba a unas 50.000 personas, que rodeaban el centro ceremonial donde se encontraban los templos principales. Cada cuadrante estaba dividido en cuatro distritos más pequeños de 10.000 a 15.000 habitantes. Estos distritos más pequeños se llamaban *calpulli*, como las fincas en el campo, ya que cada uno tenía su propio liderazgo, su propia plaza central con un templo y un mercado, y a menudo se especializaban en una artesanía específica, como la cerámica o el trabajo de la pluma. Un sistema de canales atravesaba la ciudad y la conectaba con el lago circundante.

Mural de Diego Rivera en el Palacio Nacional de Ciudad de México, que muestra la vida en la época azteca. En primer plano, el mercado de Tlatelolco, presidido por la pochteca tlatoque. Al fondo, la ciudad isleña de Tenochtitlan, con su calzada y su sistema de canales[88]

Los mercaderes y comerciantes acumulaban una riqueza y un poder considerables en los mercados organizados y diversos del Imperio azteca. En los mercados de barrio situados en cada *calpulli*, los *tlacuilo* (mercaderes) vendían metales preciosos, piedras preciosas, telas y ropa de algodón, pieles de animales, verduras y frutas, caza silvestre, tallas complejas, utensilios para el hogar y mucho más. El mercado reunía a la gente para cotillear, compartir las noticias locales y enterarse de los acontecimientos importantes del imperio.

Los *pochteca* (comerciantes de larga distancia) gozaban de gran prestigio, ya que recorrían grandes distancias para conseguir los codiciados bienes de la nobleza. Se trataba de un cargo hereditario y podía reportar grandes riquezas. Sin embargo, a los *pochteca* no se les permitía exhibir su prosperidad vistiendo las plumas y los ricos ropajes de la nobleza. El fino algodón apreciado por la élite azteca debía cultivarse por debajo de los 1.000 metros de altitud; no podía cultivarse en las regiones montañosas de los alrededores de Tenochtitlan. Así pues, los aztecas

---

[88] Wolfgang Sauber, CC BY-SA 3.0 <https://creativecommons.org/licenses/by-sa/3.0>, vía Wikimedia Commons https://commons.wikimedia.org/wiki/File:Murales_Rivera_-_Markt_in_Tlatelolco_1.jpg

tenían que comerciar con algodón cultivado en regiones lejanas o conquistar la zona y exigirles el pago de algodón como tributo. Los *pochteca* también adquirían granos de cacao para chocolate, plumas de aves de colores, gemas, oro y pieles de animales. Como los aztecas no utilizaban bestias de carga, todas estas mercancías tenían que ser transportadas en barcos por los ríos o por porteadores por tierra.

Los *pochteca tlatoque* eran los supervisores de los comerciantes. Eran los comerciantes más experimentados y consumados que supervisaban los mercados y celebraban juicios para administrar justicia a los de la clase comerciante. Otro grupo de comerciantes de larga distancia, los *naualoztomeca*, viajaban disfrazados a territorios hostiles; eran espías del Estado y recogían información mientras interactuaban con la gente de las zonas fronterizas.

Los comerciantes *tlatoani* se especializaban en el comercio de esclavos, una importante fuente de víctimas para sacrificios. Los *tencunenenque* recaudaban tributos en las ciudades-estado de todo el imperio. El *Códice Mendoza* detalla las asombrosas cantidades de bienes que recolectaban los *tencunenenque*, como textiles, grano, plumas, miel, jade y cobre. En una lista de tributos de una ciudad, el *Códice Mendoza* registra que debían enviar 1.200 fardos de algodón cada año, y cada seis meses, enviarían

- 800 cargas de mantos rojos y blancos con bordes ornamentales verdes, amarillos, rojos y azules
- 400 cargas de taparrabos
- 400 cargas de grandes mantos blancos

Toda esta ropa obligaba a las mujeres a pasar la mayor parte del día tejiendo telas para satisfacer las demandas de tributo.

Todos los adolescentes eran entrenados para la guerra, y los hombres adultos sanos debían mantener ese entrenamiento y estar preparados para movilizarse en las enormes campañas militares. Sin embargo, los aztecas contaban con un ejército permanente formado por los mejores guerreros, que habían recibido formación avanzada cuando eran adolescentes o se habían distinguido en el campo de batalla. Podían proceder de cualquier clase. La clase guerrera gozaba de gran prestigio y era un canal de movilidad ascendente. A los que ascendían socialmente en la clase guerrera se los llamaba «nobles águila».

La clase sacerdotal organizaba los rituales y festivales religiosos, dirigía el sistema educativo obligatorio y controlaba a los artesanos. Algunos sacerdotes se especializaban en astronomía, medicina o profecía. Los sacerdotes también servían como guerreros, llevando las efigies de sus dioses y capturando guerreros enemigos para sacrificarlos. Cualquier persona de cualquier clase podía ser sacerdote, pero los sacerdotes dirigentes procedían de familias nobles.

Nobleza azteca, con elaborados tocados de plumas, capas de vivos colores, pendientes y piercings en los labios. Del folio 65 del Códice Mendoza[89]

Los *Tlatoani* (reyes) y *Huey Tlatoani* (emperadores) eran elegidos por los *pipiltin* (nobleza). Los *pipiltin* eran terratenientes privados, generalmente de grandes propiedades, y formaban los consejos gobernantes de las ciudades-estado. Se distinguían por su vestimenta de fino algodón, múltiples piercings (nariz, orejas, lengua, labios) y brillantes capas y tocados de plumas. Los *teteuctin* ejercían de gobernadores de ciudades y regiones, vivían en grandes palacios y eran honrados con el sufijo -*tzin* al final de sus nombres.

De arriba abajo, la estructura política del Imperio azteca comenzaba con el *Huey Tlatoani* (emperador). Al principio de la Triple Alianza, los gobernantes de Tenochtitlan, Texcoco y Tlacopan se turnaban como *Huey Tlatoani*, pero finalmente Tenochtitlan asumió el liderazgo. Bajo su mando se encontraban los *tlatoani* (reyes) de los *altépetls* o ciudades-estado (que tenían ciudades y pueblos más pequeños bajo su dominio). Estos se dividían en *calpulli*, normalmente unidades de parentesco, que eran aldeas agrícolas en las zonas rurales y distritos vecinales en las grandes ciudades.

Los *altépetls* se esforzaban constantemente por ganar ascendencia sobre sus ciudades-estado vecinas mediante la guerra, para poder enriquecerse con los tributos que recibían. Los *altépetls* formaban alianzas constantemente, algunas efímeras y otras a largo plazo, para defenderse o conquistar otras regiones. Así fue como la Triple Alianza azteca pudo

---

[89] https://commons.wikimedia.org/wiki/File:Aztec_high_lords_bottom.png

derrocar a la ciudad dominante de Azcapotzalco y ejercer la hegemonía (supremacía) política sobre gran parte de Mesoamérica.

La unidad fundamental de la sociedad azteca era la familia, para la que el linaje era primordial. Los nobles remontaban su linaje a los toltecas y de ahí a Quetzalcóatl. El árbol genealógico de ambos progenitores era importante, aunque el linaje paterno era el principal. Los jóvenes de ambos sexos solo podían casarse con alguien de su misma clase social; las novias debían ser vírgenes y a los jóvenes se los animaba a ser célibes antes del matrimonio. La boda suponía una celebración de cuatro días con banquetes y discursos; la novia se cubría de polvo de pirita dorada y se adornaba con plumas rojas.

Las mujeres eran las encargadas del hogar: cocinaban, cuidaban de los niños más pequeños, enseñaban a sus hijas y tejían (en grandes cantidades). Las mujeres aztecas podían ser propietarias de sus bienes y mantenían el control sobre cualquier herencia. Con una formación adecuada antes del matrimonio, podían ejercer de curanderas, comadronas, sacerdotisas y comerciantes. Los hombres aztecas eran los principales asalariados, cuidadores y maestros de sus hijos una vez cumplidos los tres años. Las parejas casadas vivían con la familia del marido en hogares multigeneracionales.

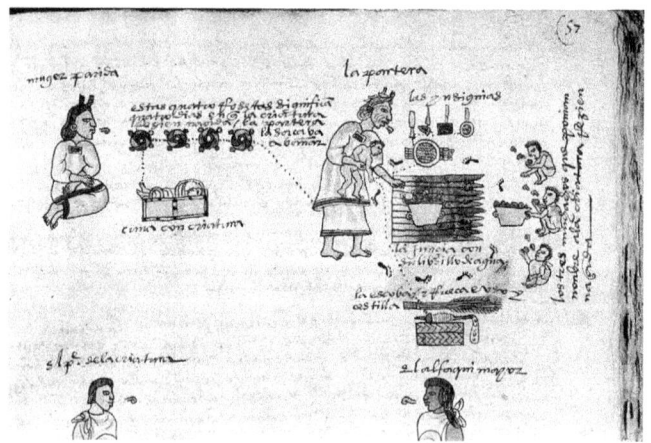

Ceremonia azteca de nombramiento, del Códice Mendoza. Arriba a la izquierda, la madre se dirige a su bebé en la cuna. Al cabo de cuatro días, la comadrona se lleva al bebé para bañarlo y darle nombre (arriba a la derecha). A la derecha de esta escena, tres niños gritan el nombre del bebé, y encima y debajo hay símbolos de posibles carreras futuras para niños y niñas[90]

---

[90] The Bodleian Library, University of Oxford, CC BY 4.0
<https://creativecommons.org/licenses/by/4.0>, vía Wikimedia Commons
https://commons.wikimedia.org/wiki/File:Bodl_Arch.Selden.A.1_roll236.2_frame5.jpg

Cuatro días después del nacimiento del niño, la familia se reunía para el ritual del nombre, algo parecido a un bautizo. La comadrona bañaba al niño al aire libre, bajo el sol de la mañana, le daba un nombre y un regalo que simbolizaba su futuro papel en la sociedad. Una niña solía recibir un equipo de tejido y una escoba, y un niño podía recibir flechas y un escudo o utensilios que representaban el oficio de su padre. Los bebés recibían un nombre de calendario basado en la fecha de su ritual de bautizo, junto con un nombre personal. Para conseguir una fecha más propicia para el nombre de calendario, los padres podían ajustar el día del nombre al tercer o quinto día después del nacimiento.

El *Códice Mendoza* detalla la crianza de los niños: sus lecciones, castigos y cuántas tortillas debían comer a cada edad. Los niños de tres años recibían media tortilla para comer y, con el tiempo, llegaban a comer dos o tres en la adolescencia. A partir de los tres años, las madres enseñaban a sus hijas los primeros pasos para tejer, y cuando entraban en la adolescencia, aprendían a cocinar. Las mujeres dedicaban mucho tiempo a tejer para poder hacer frente a las exigencias del tributo, por lo que gran parte de la formación de las niñas se centraba en este campo. Los padres llevaban a sus hijos para enseñarles su oficio; les enseñaban otras habilidades como recoger leña, cortar juncos para hacer cestas y pescar con redes.

Los niños y las niñas sólo recibían correcciones verbales y reprimendas hasta los ocho años. Después, si los niños eran descuidados, desobedientes o irrespetuosos, los padres administraban castigos corporales. A veces los pinchaban con espinas de maguey o los obligaban a respirar el humo de los chiles asados.

Los líderes *calpulli* supervisaban la educación de los niños por parte de los padres. Además de las habilidades para la vida, los niños debían aprender *huehuetlatolli* (refranes de los viejos). Se trataba de saludos corteses y discursos breves para todo tipo de ocasiones, como despedirse de un moribundo o celebrar el nacimiento de un hijo. De vez en cuando, los niños tenían que presentarse en sus templos locales para someterse a pruebas de su formación.

Los mexicas fueron uno de los primeros pueblos del mundo en imponer la educación obligatoria para niños y niñas de todas las clases. Alrededor de los 14 o 15 años, los niños de las familias de élite asistían a una escuela para la nobleza llamada *calmécac*, y los plebeyos a un *telpochcalli* (ambos descritos en el capítulo 12), donde vivían en dormitorios. Las niñas asistían a escuelas para aprender a cantar y bailar, pero vivían en casa. La meta gloriosa de la mayoría de los chicos era servir a su nación como grandes guerreros. A los diez años, los chicos se cortaban el pelo corto y se dejaban un mechón largo en la parte de atrás. Llevaban este peinado hasta que entraban en batalla y capturaban a su primer prisionero, y entonces se cortaban el mechón como rito de iniciación.

Los aztecas trabajaban duro, luchaban aún más y participaban en espantosos rituales religiosos. Pero sus vidas no siempre eran sombrías. Se tomaban tiempo para jugar. Practicaban un juego de pelota —algo parecido al baloncesto— llamado *Ullamaliztli Tlachtli*. Tenían que introducir una pelota de goma (cortesía de la civilización olmeca) en un aro de piedra, pero no podían usar las manos (como en el fútbol). En su lugar, utilizaban las caderas, las rodillas, los codos y la cabeza para mantener la pelota en el aire (algo que los jugadores más hábiles podían hacer durante una hora o más). Se jugaba mucho. A veces se bailaba y cantaba con motivo de actos religiosos o políticos, pero también por pura diversión. A veces se acompañaban de sketches cómicos.

Juego de mesa azteca llamado Patolli, del Códice Florentino de Bernardino de Sahagún[91]

---

[91] https://commons.wikimedia.org/wiki/File:Patolli.jpg

¡Y también estaban las peleas de almohadas! Todos los años, los chicos lanzaban sacos llenos de hierba a las chicas y estas los perseguían con espinas de cactus. Los adolescentes retaban a las escuelas rivales a partidos de pelota y simulacros de batallas. Adultos y jóvenes se divertían con «juegos de mesa» sobre esteras de juncos, utilizando judías como dados.

No debemos olvidarnos del zoológico. Cuando los conquistadores entraron en Tenochtitlan, lo que más les llamó la atención fue un jardín lleno de plantas y animales extraños, criaturas que nunca habían visto. Muchos escribieron más sobre el zoológico que sobre cualquier otra cosa de la ciudad. Decían que era tan grande que se necesitaban 300 cuidadores para atender a los animales.

Los españoles no sabían los nombres de todos los animales, pero enumeraban osos, águilas, lobos y monos, y describían lo que probablemente eran jaguares, ocelotes, pumas, perezosos, armadillos, cocodrilos, flamencos y muchas otras aves, ¡e incluso un bisonte! El zoológico estaba situado en terrenos de palacio, por lo que probablemente estaba reservado para el placer de la nobleza. Y no era el único. Un conquistador, Bernal Díaz de Castillo, dijo haber visto uno otro al otro lado del lago, en Texcoco.

Capítulo 15: Arte azteca

Pensar en la cultura azteca suele evocar imágenes de arte atrevido y lleno de color. Las antiguas culturas preexistentes influyeron en el extravagante arte de los aztecas: las civilizaciones que conquistaron y las civilizaciones limítrofes con las que comerciaban. A su vez, los aztecas utilizaron su arte como una especie de propaganda para ejercer su dominio sobre las ciudades-estado de su vasto imperio. Mediante la conquista militar, los aztecas lograron el dominio político y la hegemonía cultural sobre sus civilizaciones tributarias.

Durante los 20 años que los mexicas migratorios vivieron en las ruinas de Tula, reverenciaron el arte y la artesanía tolteca, esforzándose por emular esta espectacular cultura, llegando a llamar *tolteca* a sus propios artesanos. Los mexicas también aprendieron de las culturas olmeca, maya, zapoteca y huasteca, entre otras. Desde Oaxaca, en el extremo sur de su imperio, importaron a Tenochtitlan una comunidad de artistas. Combinaron el arte diverso de múltiples civilizaciones en su propio estilo ecléctico de pintura, joyería, escultura, cerámica, metalistería, arquitectura y otros. Tallas grotescas y abstractas convivían incongruentemente con gráciles imágenes naturalistas de seres humanos y animales.

La escritura azteca era una forma de arte; sin embargo, al carecer de alfabeto, no era un sistema de escritura plenamente desarrollado. Combinaban pictogramas con signos que representaban sonidos. Por ejemplo, *ma* era la palabra para *mano*. Para escribir una palabra con el sonido *ma*, utilizaban la imagen de la mano. Si una palabra terminaba en *tlan* (como Aztlán), utilizaban el dibujo de diente (*tlantli*).

El viaje de un lugar a otro se indicaba con huellas. El viaje en el tiempo se indicaba con líneas punteadas y símbolos numéricos. El habla se representaba con pergaminos delante de la boca. En la imagen de la ceremonia del nombre del bebé del capítulo anterior hay ejemplos de los tres.

Glifo o pictograma azteca para 80 fardos de granos de cacao (para chocolate). Cada una de las cuatro banderas de la parte superior representa el número 20. El dibujo ovalado de la paca representa los granos de cacao. (Del Libro de los Tributos)[92]

Los aztecas también tenían un sistema «vigesimal» (basado en el número 20) para escribir los números. Un punto (o a veces un dedo) representaba el 1. Dos puntos significaban el 2; el 5 se representaba con una barra, mientras que el 6 era una barra y un punto. Dos barras representaban el 10, y el 11 eran dos barras y un punto, mientras que el 20 era una bandera, y el 21 una bandera y un punto. Las centenas se representaban mediante una pluma con un número determinado de púas, cada una de las cuales representaba 20 unidades.

La escritura y la pintura requieren algo sobre lo que escribir, por lo que los aztecas tenían papel *amate* hecho del árbol de Amate, un tipo de Ficus. El papel de amate se utilizaba principalmente para códices (manuscritos) y fue muy utilizado en la Triple Alianza para la

---

[92] https://commons.wikimedia.org/wiki/File:Cacao_-_Fig_1._Aztec_glyph_or_pictograph_for_80_bales_of_cacao.png

comunicación, los registros de tributos y los rituales. Cuarenta pueblos (en el actual estado de Morelos) producían anualmente unas 480.000 hojas de papel, que enviaban como tributo a las ciudades de la Triple Alianza. El papel se fabricaba remojando la corteza durante la noche y machacándola después en hojas con piedras volcánicas.

Los aztecas pintaban su característico arte sobre papel amate, piel de ciervo, lienzos de algodón, cerámica, madera y piedra. A veces imprimaban la superficie con *gesso*, una mezcla de cola de piel de conejo, tiza y pigmento blanco. Los aztecas utilizaban coral, tiza, arcilla y piedra en sus pinturas y dibujos. Muchas de sus pinturas eran códices; por desgracia, la mayoría fueron destruidos por los españoles inmediatamente después de la conquista. Sin embargo, el gobierno español encargó el *Códice Mendoza*, pintado por artistas aztecas, y permitió la producción de códices que trataban de historia o del pago de tributos.

Los aztecas aprendieron el arte de pintar murales de los restos de la cultura teotihuacana. El Templo Mayor y otros edificios importantes de Tenochtitlan estaban adornados con complejos murales que representaban a personas en un estilo similar al de los códices. Se cree que un anciano y una anciana representados en un mural de Tlatelolco (justo al lado de Tenochtitlan) son Cipactónal y Oxomoco, el primer hombre y la primera mujer del primer mundo, algo así como Adán y Eva, salvo que en la cosmología azteca, el primer mundo no sobrevivió.

En 2002, los arqueólogos descubrieron en Tlatelolco una antigua cisterna debajo de una iglesia colonial. Se construyó por orden de Cuauhtémoc, el último emperador de los aztecas, que se había trasladado allí con el resto de los ciudadanos de Tenochtitlan después de que los españoles conquistaran Tenochtitlan. La cisterna tenía dos metros de profundidad y seis de ancho, y se alimentaba de un acueducto que fluía seis kilómetros desde el cerro de Chapultepec. Las paredes de la cisterna estaban pintadas con frescos de vivos colores de pescadores echando sus redes y gente remando en sus canoas. Los rodean patos, ranas, garzas y jaguares entre los juncos y nenúfares del lago.

Ceremonia de «Una flor» celebrada con dos tambores, que se llaman teponaztli (primer plano) y huehuetl (fondo). Códice Florentino

https://commons.wikimedia.org/wiki/File:Aztec_drums,_Florentine_Codex..jpg

Los aztecas adoraban el canto y la poesía, y en la mayoría de los festivales había concursos de poesía, presentaciones musicales y actuaciones acrobáticas. Las canciones se dividían en varios géneros: *Yaocuícatl* se cantaba a los dioses de la guerra, *Teocuícatl* honraba a los dioses de la creación y transmitía mitos de la creación, *Xochicuicatl* eran canciones de flores utilizadas en un sentido metafórico.

La poesía era especialmente famosa entre la tribu acolhua de los aztecas, que a menudo utilizaban el paralelismo y las coplas con conceptos concretos para describir metafóricamente dos perspectivas de una idea abstracta. Por ejemplo, el concepto de poesía se expresaba como la flor, la canción. Afortunadamente, hoy podemos leer esta poesía, ya que parte de ella fue conservada por los descendientes de la realeza acolhua de Texcoco y Tepexpan. He aquí un himno del rey Nezahualcóyotl de

Texcoco:
TÚ, AVE CELESTE
Tú, ave celeste, loro resplandeciente, caminas volando.
Oh altísimo árbitro, dador de vida: temblando te extiendes aquí, llenando mi casa, llenando mi morada, aquí.
¡Ohuaya, Ohuaya!
Con tu piedad y gracia se puede vivir, oh Autor de la Vida, en la tierra: temblando,
Te extiendes aquí, llenando mi casa, llenando mi morada, aquí.
¡Ohuaya, Ohuaya!

Los aztecas son famosos por sus notables esculturas en piedra, que iban desde exquisitas figurillas en miniatura hasta monumentos colosales. Las esculturas aztecas presentaban tallas realistas de serpientes, jaguares, ranas, monos y otros animales, así como enormes figuras de sus deidades, incrustadas con joyas y capas de oro. Aunque la mayoría de las tallas conservadas a lo largo de los siglos tienen ahora el color de la piedra en la que fueron talladas, cuando eran nuevas estaban pintadas y decoradas con colores brillantes.

Réplica de piedra solar azteca pintada en lo que los expertos creen que eran los colores originales[93]

---

[93] en:User:Ancheta Wis, CC BY-SA 2.5 <https://creativecommons.org/licenses/by-sa/2.5>, vía Wikimedia Commons
https://commons.wikimedia.org/wiki/File:Aztec_Sun_Stone_Replica_cropped.jpg

La enorme Piedra Solar o Calendario Azteca, un sorprendente ejemplo de escultura azteca, fue descubierta en 1790 en la zona del antiguo Templo Mayor de Tenochtitlan. Tallada en basalto hacia 1427, mide unos 3 metros de diámetro y 3 de grosor. Lo que probablemente sea el rostro del dios-sol Tonatiuh hace una mueca desde el centro del disco, rodeado por cuatro cuadrados que representan cuatro de los cinco soles que se sustituyeron consecutivamente a lo largo de los milenios.

Piedra de Moctezuma I, donde se encadenaba a gladiadores humanos para una batalla a muerte[94]

Dos formas escultóricas aztecas únicas están relacionadas con la cultura del sacrificio humano. Una es el *cuauhxicalli*, un gran cuenco de piedra que suele tener forma de jaguar o águila y que se utilizaba para guardar corazones humanos tras el sacrificio (véase la foto del *cuauhxicalli* de jaguar en el capítulo 13). El otro es el temalácatl, un enorme disco de piedra sobre el que se colocaban dos guerreros capturados para luchar en combate uno a uno hasta la muerte, otra forma de sacrificio humano. Dos ejemplos famosos de piedras *temalácatl* son la Piedra de Moctezuma I y la Piedra de Tízoc.

En 1790, unos hombres que construían un canal de agua en el centro de Ciudad de México descubrieron una espantosa estatua de la diosa Coatlicue. Esta era la diosa madre de la tierra que vivía en el monte Coatepec, en Aztlán, y la madre de Huitzilopochtli, el dios colibrí. La

---

[94] Fotógrafo : El Comandante, CC BY-SA 3.0 <https://creativecommons.org/licenses/by-sa/3.0>, vía Wikimedia Commons
https://commons.wikimedia.org/wiki/File:Cuauhxicalli_de_Moctezuma_Ilhuicamina.JPG

estatua, de casi 3 metros de altura, muestra a una mujer decapitada con dos serpientes de coral que representan la sangre que brota de su cuello (en una versión del nacimiento de Huitzilopochtli, su hija Coyolxauhqui le cortó la cabeza). Alrededor del cuello lleva una guirnalda de manos y corazones humanos y un colgante de cráneo humano. En su falda se retuercen serpientes de cascabel y tiene garras en manos y pies para desgarrar cadáveres humanos.

Estatua colosal de la diosa Coatlicue[95]

Los aztecas creían que ella devoraría a la población humana si no salía el sol, y como ése era el trabajo de Huitzilopochtli, se aseguraban de mantenerlo bien alimentado con sacrificios. Tras ser desenterrada, la estatua de la diosa fue trasladada a la Universidad de México para ser estudiada. Pero a los profesores les preocupaba que los lugareños

---

[95] J Mndz, CC BY-SA 2.0 <https://creativecommons.org/licenses/by-sa/2.0>, vía Wikimedia Commons https://commons.wikimedia.org/wiki/File:Diosa_Coatlicue.jpg

empezaran a venerarla de nuevo, así que volvieron a enterrarla, allí mismo, en el campus universitario. En 1803, un erudito visitante la desenterró para hacer dibujos y un molde, pero le pareció tan inquietante que volvió a enterrarla cuando terminó. Finalmente, en 1823, los investigadores la desenterraron por última vez, y desde entonces ha permanecido en la superficie, en el Museo Nacional de Antropología de Ciudad de México.

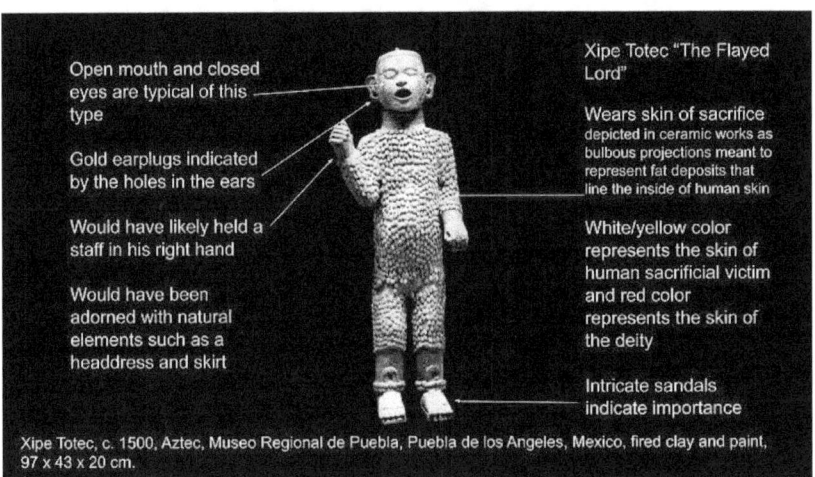

Pequeña estatua de Xipe Tótec[96]

En todo el valle de México se han descubierto pequeñas estatuas de piedra en zonas rurales. Se trata de dioses de la agricultura y deidades locales. Una escultura pequeña común es la de Xipe Tótec, el dios del maíz, también conocido como «el Desollado». Venerado por los toltecas y más tarde por los aztecas, llevaba la piel desollada de una víctima de sacrificio humano como símbolo de la nueva vegetación.

---

[96] MinaMarciano, CC BY-SA 4.0 <https://creativecommons.org/licenses/by-sa/4.0>, vía Wikimedia Commons https://commons.wikimedia.org/wiki/File:Xipe_Totec_Annotation.jpg

Este colgante tallado en jade de Chalchiuhtlicue (Falda de jade), una joven diosa, mide aproximadamente 2 3/4 x 1 3/8 pulgadas[97]

Los artesanos también tallaban pequeñas esculturas de materiales preciosos, como amatista, turquesa, caracola, cristal de roca y jade. Estas tallas en miniatura solían llevarse como colgantes o pendientes.

Serpiente bicéfala de mosaico de turquesa[98]

---

[97] Cleveland Museum of Art, CC0, vía Wikimedia Commons
https://commons.wikimedia.org/wiki/File:Central_Mexico,_Aztec,_13th-16th_century_-_Goddess_Plaque_-_1949.199_-_Cleveland_Museum_of_Art.tif
[98] British Museum, CC BY-SA 4.0 <https://creativecommons.org/licenses/by-sa/4.0>, vía Wikimedia Commons
https://commons.wikimedia.org/wiki/File:Double_headed_turquoise_serpentAztecbritish_museum.jpg

A los artistas aztecas les encantaba el color azul verdoso de la piedra turquesa y la utilizaban con frecuencia en forma de mosaico en esculturas y máscaras. En el Museo Británico se expone una hermosa serpiente bicéfala tallada en una sola pieza de madera de cedro y recubierta de pequeños cuadrados de turquesa. Su boca y nariz rojas están hechas de la ostra espinosa spondylus, y las conchas de caracol forman sus dientes. Probablemente se llevaba como adorno en el pecho en festivales especiales. ¿Por qué tiene dos cabezas? En lengua náhuatl, la palabra *coatl* significa *serpiente*, pero también gemelo, lo que conlleva la idea de cooperación y amistad. *Xiuhcóatl* significa serpiente turquesa (o serpiente de fuego), que representa el rayo, que une el cielo y la tierra.

Cerámica de Cholula[99]

Incluso sin torno de alfarero, los artesanos aztecas fabricaban hermosas cerámicas, como urnas para cenizas funerarias, jarras, tazas, cuencos y platos para comer, ollas, recipientes de mortero para moler chiles, copas y jarrones. Las piezas de cerámica azteca solían ser delgadas (especialmente

---

[99] Sailko, CC BY 3.0 <https://creativecommons.org/licenses/by/3.0>, vía Wikimedia Commons https://commons.wikimedia.org/wiki/File:Mesoamerica,_puebla,_cholula,_mixteca-puebla_(nahua-mixteca),_ciotola_con_piede,_1200-1521_ca._02.jpg

la cerámica de Cholula) y a menudo presentaban diseños geométricos negros sobre un fondo naranja para la cerámica doméstica cotidiana. Las piezas más finas tenían un engobe crema, rojo o negro (una mezcla de arcilla y agua utilizada para decorar la cerámica) y podían presentar diseños de flores, hojas o animales.

Los artesanos de Cholula eran famosos por su delicada cerámica, conocida como estilo Mixteca-Puebla, que se importaba a Tenochtitlan para Moctezuma y otros nobles. En la primera época azteca, la cerámica solía estar decorada con diseños florales y glifos que representaban días. La cerámica del periodo posterior presentaba líneas sencillas, a veces curvas o en bucle. La cerámica azteca se formaba en moldes o se tallaba en arcilla dura, y luego se cocía en hornos de tiro ascendente o a cielo abierto en fosas a baja temperatura.

El trabajo con plumas es una deslumbrante forma de arte que constituye un rasgo clásico de la cultura azteca. Se recogían plumas de aves de brillantes colores para formar intrincados mosaicos, decorar armas y tejer tocados y capas. Las plumas más apreciadas eran las de los resplandecientes quetzales, que tienen largas plumas en la cola de color verde esmeralda y el pecho escarlata. También utilizaban plumas de flamenco y otras plumas de vivos colores, algunas recogidas de las aves del zoológico de Moctezuma. Todo un distrito de la capital, Tenochtitlan, albergaba el gremio de los artesanos de plumas *amantecas*, que no estaban obligados a pagar tributo ni a prestar servicio público.

Tocado de plumas de quetzal de Moctezuma (reproducción)[100]

---

[100] Thomas Ledl, CC BY-SA 4.0 <https://creativecommons.org/licenses/by-sa/4.0>, vía Wikimedia Commons https://commons.wikimedia.org/wiki/File:Feather_headdress_Moctezuma_II.JPG

Los artesanos amantecas cortaban las plumas en pequeños trozos para utilizarlos en el arte del mosaico, o pintura de plumas, en escudos y mantos para los ídolos. Los mosaicos generalmente se formaban sobre una base de papel amate, a veces cubierto con algodón y engrudo, y luego utilizaban las preciosas plumas del quetzal y otras aves de colores llamativos, junto con plumas teñidas, todo picado y adherido con pegamento hecho de bulbos de orquídeas. Llamativos tocados, mantos, matamoscas, abanicos y otros objetos decorativos se confeccionaban con plumas enteras cosidas con hilo de agave.

La metalurgia en Mesoamérica tuvo sus orígenes en la cultura purépecha-tarasca, al noroeste de las tierras aztecas, cerca del océano Pacífico. A partir de ahí, los elementos de la técnica, la forma y el estilo se difundieron por toda Mesoamérica. La civilización mixteca de Oaxaca y Puebla fueron los orfebres dominantes. Los mixtecos se convirtieron en una región tributaria de los aztecas, y cuando estos importaron a Tenochtitlan artesanos plumíferos amantecas, es probable que también contaran con un gremio de orfebres mixtecos.

Utilizando tecnología prestada, cobre, oro, estaño y plomo importados, y probablemente metalúrgicos importados, los artesanos aztecas fabricaron una metalurgia elegante y sofisticada. En sus talleres de Tenochtitlan, crearon impresionantes piezas de fundición de flores y animales en oro y cobre-oro, que se exhibían en sus jardines recreativos. Sus artesanos también fundieron cientos de campanas de estaño, bronce arsenical y cobre para el Templo Mayor.

Los artesanos trabajaban el metal en hornos de altísima temperatura, donde las llamas se avivaban soplando aire a través de tubos. Utilizaban moldes para formar objetos de metal y también martillaban el metal en láminas. Utilizaban una tecnología llamada fundición a la cera perdida para fabricar campanas y otros objetos. Los artesanos aztecas también eran conocidos por su trabajo de filigrana. Por desgracia, la mayoría de sus objetos de oro fueron fundidos por los conquistadores para fabricar lingotes de oro como moneda. Algunos objetos más pequeños sobrevivieron, como anillos labiales, pendientes y collares de oro.

Al igual que sus predecesores olmecas, toltecas y teotihuacanos, los aztecas utilizaron el arte para reforzar su supremacía política y cultural. Sus impresionantes pirámides y templos, sus espectaculares esculturas y sus exquisitos mosaicos representaban los componentes centrales de su religión. El deslumbrante y exótico trabajo de plumas, las tallas enjoyadas y los monumentos colosales daban testimonio a sus ciudades-estado conquistadas del gran poder y riqueza del Imperio azteca y de su derecho a dominar.

Incluso su papel imponía su influencia sobre las ciudades-estado sometidas. El papel amate, al que se atribuían poderes especiales, se utilizaba para registrar los tributos de las ciudades y pueblos dominados y se convirtió en una representación de la transacción entre conquistadores y vencidos. El papel amate se utilizaba para registrar el fino algodón, la turquesa, el oro, las largas plumas de quetzal y otros lujos proporcionados como tributo desde los confines del imperio. Incluso el propio papel era fabricado por los pueblos conquistados.

Cuando los aztecas conquistaban una nueva región, permitían que la gente siguiera adorando a sus deidades locales, pero también imponían su propia religión —el culto a Huitzilopochtli— a los pueblos sometidos. Construyeron templos en las plazas principales de las ciudades tributarias y en las espectaculares cumbres de las montañas, imponiendo al dios colibrí azteca como supremo a través de los frescos, esculturas y trabajos en metal que ahora cubrían lugares antes dedicados a otros dioses.

No solo difundieron el culto a Huitzilopochtli; también introdujeron otras deidades, como sus dioses agrícolas y de la naturaleza. Por ejemplo, se encargó la erección de un relieve de la diosa del agua Chalchiuhtlicue cerca de la antigua Tula. Por todo el imperio se han encontrado estructuras artísticas, tallas y otras obras de arte aztecas, lo que indica la influencia cultural de las tres ciudades en zonas situadas a cientos de kilómetros de distancia.

Pintura de un jaguar azteca junto a un mural de la Anunciación en el claustro del monasterio franciscano de Cuautinchán, construido en la década de 1570[101]

Aunque el Imperio azteca acabó siendo conquistado por el español, su arte perduró, por lo menos hasta cierto punto. El papel amate sigue produciéndose hoy en día por artistas nahuas de Guerrero. Los frailes franciscanos y austriacos emplearon a artistas aztecas locales para decorar sus iglesias de nueva construcción en las décadas posteriores a la conquista española. Algunos murales aztecas han sobrevivido hasta nuestros días en iglesias de México, como un jaguar y un águila a cada lado de un mural de la anunciación en el monasterio franciscano de Cuautinchán, en Puebla.

---

[101] Daniellerandi, CC BY-SA 3.0 <https://creativecommons.org/licenses/by-sa/3.0>, vía Wikimedia Commons https://commons.wikimedia.org/wiki/File:Cuautinchan7.JPG

Capítulo 16: Mitología y cosmología aztecas

La cosmología, desde una perspectiva antropológica, es lo que da a los miembros de una cultura específica un sentido fundamental de identidad. La cosmología es la forma en que una determinada civilización percibe el universo: sus comienzos y su destino final. Define el lugar de una cultura en las complejidades del cosmos, dando sentido a la vida e impulsando las acciones actuales.

¿Y los aztecas? ¿Cuál era su cosmología? ¿Qué creían sobre los orígenes del universo? ¿De dónde venían? ¿Cómo se identificaban? ¿Cuál creían que era su papel en el cosmos? ¿Cuál creían que era su destino final como civilización?

Dado que los aztecas tomaron prestado libremente de otras culturas para construir una mezcolanza cosmológica, observaremos algunas incoherencias en sus mitos. Por ejemplo, un mito dice que su dios colibrí, Huitzilopochtli, era hijo del dios creador, Ometéotl, mientras que otro mito dice que era hijo de Coatlicue. Los mitos no siempre encajan perfectamente en la historia.

En la cosmología azteca, el mundo constaba de tres partes: la tierra en la que vivían los humanos, un inframundo llamado Mictlán (con nueve capas) y los cielos superiores o planos en el cielo (con 13 capas). Los humanos podían habitar la tierra y el inframundo, pero no podían penetrar en los cielos, salvo en la capa más baja, y solo ciertas personas podían hacerlo. El nivel más bajo de los cielos era un lugar de abundante agua llamado Tlalocan, donde vivía el dios Tlaloc.

Los aztecas creían que el lugar al que iba una persona después de morir dependía de lo que había hecho en vida, pero, sobre todo, de cómo había muerto. El alma podía ir a uno de estos cuatro lugares: la tierra del sol, la tierra del maíz, el cielo más bajo (Tlalocan) y el inframundo Mictlán.

Mictlantecuhtli, dios de los muertos[102]

El Mictlán no era un infierno ardiente ni un lugar de castigo. Era el lugar al que la mayoría de la gente iba después de morir, pero llegar allí no era fácil. Tenían que realizar un arduo viaje y superar varias pruebas por el camino. Cuando una persona azteca moría, sus seres queridos enterraban el cuerpo con útiles para ayudarlos en su viaje.

---

[102] British Museum, CC BY-SA 3.0 <http://creativecommons.org/licenses/by-sa/3.0/>, vía Wikimedia Commons https://commons.wikimedia.org/wiki/File:Mictlantecuhtli-retouched.jpg

El paraíso oriental del sol era el destino de los guerreros que morían en batalla: todos los guerreros, incluso los enemigos. También iban allí los guerreros capturados que eran sacrificados. El alma de una persona permanecía en el paraíso oriental durante cuatro años; después, se reencarnaba en colibrí, águila, búho o mariposa, por lo que podía volver a la Tierra para ver cómo iba todo y transmitir mensajes sutiles a los que escuchaban.

El parto se consideraba un tipo de guerra, así que, si una mujer moría en la «guerra», iba al paraíso occidental, la casa del maíz. Podía regresar a la tierra en forma de espíritu algo malévolo: la llorona de la noche y la portadora de malos augurios. Los aztecas creían que estos espíritus femeninos rondaban los cruces de caminos y capturaban allí a los niños, por lo que erigían templos y dejaban comida en los cruces para que las lloronas no raptaran a sus hijos.

El paraíso de Tlalocan, el nivel más bajo del cielo, era para la gente que se ahogaba o moría por un rayo. Allí también iban los que morían de lepra y enfermedades asociadas al agua, junto con los deformes físicos. Este otro mundo tenía mucha comida. Curiosamente, el sacrificio de niños se realizaba a menudo ahogándolos; tal vez fuera para asegurarse de que los bebés irían al paraíso de Tlalocan.

En el cielo más alto vivían Ometecuhtli y Omecíhuatl, los dioses creadores marido y mujer, conocidos colectivamente como Ometéotl. Eran el dios dual: dos seres, pero uno a la vez. Fueron creados de la nada y, durante un tiempo, fueron lo único que existía; no se había creado nada más. Entonces, Ometéotl dio a luz a cuatro hijos: Xipe Tótec (el dios desollado), Tezcatlipoca (espejo humeante), Quetzalcóatl (serpiente emplumada) y Huitzilopochtli (colibrí).

El *Mito de los Cinco Soles*, plasmado en el *Códice Chimalpopoca*, cuenta cómo surgió el mundo azteca. Ometéotl encomendó a los cuatro niños la tarea de crear un sol, un mundo, personas para vivir en el mundo y otros dioses. Quetzalcóatl y Huitzilopochtli recibieron específicamente esta tarea, pero todos los hermanos eran frenéticamente competitivos y no dejaban de crear drama (excepto Xipe Tótec, que parecía mantenerse al margen). Cada una de las cuatro primeras era —tierra, viento, fuego y agua— terminó en catástrofe. Hicieron falta cuatro intentos para crear y mantener un mundo antes de que todo saliera bien en el quinto intento.

En la primera creación, la era del Primer Sol, Quetzalcóatl y Huitzilopochtli crearon un sol. Pero no era lo suficientemente brillante como para dar luz y calor adecuados. Entonces crearon al primer hombre y a la primera mujer: Cipactónal y Oxomoco. Eran gigantes que comían bellotas y eran tan fuertes que podían arrancar árboles con sus propias manos. Juntos tuvieron muchos hijos. Los dioses observaron su creación y decidieron que no era buena. El sol era demasiado débil.

Tezcatlipoca y Quetzalcóatl[108]

Así que Tezcatlipoca se transformó en el sol, que era lo suficientemente brillante y cálido para el mundo. Después de 676 años, el rival de Tezcatlipoca, Quetzalcóatl, se sintió abrumado por los celos de que Tezcatlipoca gobernara como el sol. Quetzalcóatl tomó su garrote y lo derribó del cielo, y Tezcatlipoca cayó en picado al océano. En su rabia por haber sido derribado del cielo, Tezcatlipoca emergió como un jaguar y se comió a todos los gigantes, poniendo fin a la era del primer sol.

En el segundo intento, la era del segundo sol, Quetzalcóatl tomó su lugar como sol. Creó personas (de tamaño normal) que comían piñones. Después de 674 años, Tezcatlipoca se vengó de Quetzalcóatl. Vino al

---

[108] https://commons.wikimedia.org/wiki/File:Quetzalcoatl_and_Tezcatlipoca.jpg

mundo en una ráfaga de viento, tan fuerte que se llevó a toda la gente e incluso se llevó al sol Quetzalcóatl. Las pocas personas que no fueron arrastradas por el viento se convirtieron en monos y huyeron a vivir a la selva.

En el tercer intento, una nueva era comenzó cuando Tlaloc, el dios de la lluvia, se convirtió en el sol. Esta era duró 364 años, y la gente de este mundo se comió las cañas del río. En un ataque de celos, Quetzalcóatl envió una lluvia de fuego y piedras ardientes, matando a casi toda la humanidad. Hasta el mismo sol ardió en llamas. Cuando las llamas se enfriaron, el suelo era ceniciento y los supervivientes se habían convertido en pájaros, pavos para ser exactos. Quetzalcóatl entregó entonces el mundo a la esposa de Tláloc, Chalchiuhtlicue, «la que tiene su falda de jade».

Cuando Chalchiuhtlicue, la diosa del agua, asumió las responsabilidades del sol, comenzó la cuarta era. Pero ella era la diosa del agua, por lo que llovía constantemente. Esta era fue la más corta, duró 312 años. Al final, la gran lluvia, tan larga y tan fuerte, cubrió la tierra con una inundación que se elevó por encima de las cimas de las montañas; las personas que sobrevivieron se convirtieron en peces. Incluso el sol se cayó del cielo, y luego el cielo se desplomó y cubrió la tierra, de modo que nada podía vivir en ella.

Los dioses se dieron cuenta de que luchar entre ellos era contraproducente y que todos los mundos que habían creado habían sido destruidos por sus disputas. Quetzalcóatl y Tezcatlipoca hicieron las paces y bajaron a reconstruir el mundo. Se transformaron en grandes árboles que empujaban el cielo hacia atrás, dividiéndolo de la tierra.

Todos los dioses se reunieron en torno a una hoguera en un intento de crear la quinta era, y de hacerlo bien por fin. Los dioses sabían que alguien tendría que sacrificarse para convertirse en el próximo sol de la nueva era. Así que un dios apuesto y fuerte (aunque engreído), Tecciztecatl, se preparó para saltar a la hoguera. Cuatro veces se acercó al fuego, pero cada vez perdía los nervios y se alejaba avergonzado.

Tonatiuh, dios del sol[104]

Finalmente, Nanáhuatl, el más pequeño y humilde de los dioses, cubierto de lepra, saltó a las llamas. Se convirtió en Tonatiuh, el sol; fue el nacimiento del quinto sol. Humillado por el sacrificio de Nanáhuatl, Tecciztecatl también saltó al fuego y se convirtió en la luna. Sin embargo, era tan brillante como el sol, lo que los dioses consideraron inapropiado. Uno de los dioses cogió un conejo y se lo lanzó. Cuando el conejo golpeó la cara de la luna, su luz se atenuó. Por eso la luna tiene la forma de un conejo en su cara.

Ahora tenían un nuevo problema. El sol estaba atascado. Tonatiuh, el dios del sol, dijo a los demás dioses que tendrían que sacrificarse para ponerlo en movimiento. Saltaron al fuego y se convirtieron en estrellas y planetas, y finalmente, Tonatiuh pudo moverse por el cielo. Como todos los dioses se sacrificaron por la gente de la tierra, ahora se esperaba que la gente se sacrificara por los dioses.

---

[104] Éclusette, CC BY 3.0 <https://creativecommons.org/licenses/by/3.0>, vía Wikimedia Commons https://commons.wikimedia.org/wiki/File:Mexico_-_Museo_de_antropologia_-_Tonatiuh_en_jarre_rouge.JPG

Con el sol moviéndose, Quetzalcóatl asumió la tarea de crear nuevos humanos. Fue a Mictlán para traer de vuelta los huesos de la gente que había muerto. Tras un tenso encuentro con el dios del inframundo, salió corriendo con la bolsa de huesos, pero resbaló y cayó en un pozo, rompiendo los huesos. Finalmente consiguió salir y roció con su sangre los huesos de los muertos, resucitándolos. Como procedían de fragmentos de huesos, los hombres y las mujeres tenían todos tamaños diferentes.

Como ya se ha mencionado, los aztecas tenían dos mitos sobre el nacimiento de su dios patrón Huitzilopochtli. El primero probablemente lo tomaron prestado de otra cultura, quizá la teotihuacana. El segundo parecía resonar más entre los aztecas, ya que lo representaban anualmente en el Templo Mayor. Los aztecas remontaban sus orígenes al nacimiento de Huitzilopochtli en su isla natal de Aztlán, en el monte Culhuacán (o Coatepec). En esta versión, Coatlicue (la diosa terrorífica con falda de serpiente) es la madre de Huitzilopochtli. Un día, Coatlicue estaba barriendo su santuario cuando una bola de plumas de colibrí cayó a sus pies. Recogió las plumas y se las metió en la cintura, con lo que quedó embarazada. Sus otros hijos (400 hijos y su hija, Coyolxauhqui) la atacaron por lo que consideraban un embarazo deshonroso. En ese momento, ella dio a luz a Huitzilopochtli, como se menciona en el capítulo 13, y él salió en su defensa.

El fraile dominico e historiador Diego Durán escribió un interesante relato sobre los orígenes de los aztecas en su libro de 1581 *Historia de las Indias de Nueva España* (conocido como el *Códice Durán*). Durán había llegado a México a los siete años con su familia y llegó a dominar la lengua náhuatl. Tras hacerse sacerdote, pasó mucho tiempo entre la población local, aprendiendo sus costumbres y cosmología.

En su libro, Durán recoge un relato que había traducido de una historia azteca anterior sobre Moctezuma I, el segundo emperador azteca, que gobernó entre 1440 y 1469, cincuenta años antes de la llegada de los españoles. Moctezuma sentía curiosidad por saber dónde habían vivido sus antepasados y cómo eran aquellas siete cuevas. Le fascinaban las historias de su isla ancestral. ¿Podrían volver a encontrarla?

Moctezuma mandó llamar a Cuauhcoatl, el historiador real, quien le contó que Aztlán había sido un lugar dichoso y feliz cuyo nombre significaba «blancura». Había una gran colina en el lago llamada Culhuacán, porque era retorcida, y en ella había cuevas y grutas de los antepasados aztecas. Vivían en el ocio, con toda clase de aves acuáticas —

patos, garzas, grullas— a su disposición. Disfrutaban con los cantos de los pajarillos de cabeza roja y amarilla en las arboledas que crecían en la isla. Sus antepasados recorrían el lago en canoa y plantaban huertos flotantes donde cultivaban maíz, chile, tomates, amaranto y judías, que los aztecas llevaron consigo al valle de México.

Sin embargo, cuando abandonaron Aztlán y llegaron a tierra firme, el mundo se volvió contra ellos. Tuvieron que enfrentarse a maleza, piedras afiladas, zarzas y espinas que dificultaban sus desplazamientos. No encontraron ningún lugar donde descansar: la tierra estaba llena de serpientes, jaguares y otras criaturas peligrosas. El historiador le dijo a Moctezuma I que esto era lo que estaba pintado en los libros antiguos.

Moctezuma organizó una expedición para encontrar Aztlán. Su hermano, Tlacaélel, le advirtió que eligiera cuidadosamente a los que lo acompañarían, ya que no se trataba de una campaña bélica, sino de una empresa de recopilación de conocimientos. Moctezuma reunió a sesenta hechiceros para un viaje en busca de su misteriosa patria. Debían buscar el lugar donde nació su deidad, Huitzilopochtli, y donde aún vivía su madre. Llevaban consigo tesoros de gemas, oro, vainilla y granos de cacao como regalos para sus antepasados y la diosa.

Los hechiceros consiguieron localizar Aztlán. Llegaron a orillas de un gran lago, con una colina en medio, y les encantó oír a la gente hablar su propia lengua náhuatl. Los lugareños los llevaron en sus canoas hasta la isla. Al pie de la colina se encontraron con un anciano, el sacerdote guardián del santuario de Coatlicue, la diosa madre de la tierra. Les preguntó a qué habían venido, y ellos le dijeron que habían sido enviados por su emperador Moctezuma y su consejero Tlacaélel.

El anciano frunció el ceño; nunca había oído hablar de aquellos dos hombres. Pero sí conocía a los hombres que habían abandonado Aztlán siglos atrás. «¿Los conocen?», preguntó, recitando los nombres de sus líderes ancestrales. «No —respondieron los hechiceros—, todos esos hombres murieron hace mucho tiempo». El hombre los miró, sorprendido. «Pero yo estaba aquí cuando se fueron. Todos los que los vimos partir seguimos vivos».

El sacerdote los condujo colina arriba para encontrarse con la diosa madre tierra, Coatlicue. Mientras subían la colina, los hechiceros empezaron a hundirse en la arena. El sacerdote los miró extrañado. «¿Qué han comido?». Le dijeron que habían estado bebiendo chocolate y comiendo los alimentos cultivados en su nueva tierra. «Esa fue su perdición –dijo el sacerdote–. Por eso muere tu gente.

Coatlicue, madre de Huitzilopochtli[105]

Finalmente, se encontraron con la grotesca y sucia diosa Coatlicue. Les contó que había estado llorando desde que su hijo, Huitzilopochtli, se había marchado. Dijo que no se había lavado, cambiado de ropa ni peinado desde que él se había ido. Les contó que Huitzilopochtli se había marchado para guiar a los aztecas (las siete tribus) en su largo peregrinaje desde Aztlán hasta el valle de México. Coatlicue anhelaba su prometido regreso.

---

[105] Anagoria, CC BY 3.0 <https://creativecommons.org/licenses/by/3.0>, vía Wikimedia Commons https://commons.wikimedia.org/wiki/File:2013-12-24_Coatlicue_anagoria.JPG

La diosa compartió con ellos la profecía del futuro que Huitzilopochtli le había dicho antes de partir:

«Debo hacer la guerra a todas las provincias, ciudades, pueblos y lugares, tomándolos y sometiéndolos a mi servicio. Pero de la misma manera que las he conquistado, de esta misma manera me serán arrebatadas por extraños conquistadores, y yo seré expulsado de esa tierra. Entonces volveré a este lugar... entonces, madre, se habrá cumplido mi tiempo, y volveré huyendo a tu regazo».

El anciano, guardián del santuario de Coatlicue, les dijo que los aztecas habían perdido su inmortalidad al consumir alimentos ricos y codiciar el oro y otros lujos. Se negó a aceptar los regalos que traían los hechiceros, pero en su lugar les obsequió con plantas y alimentos de la isla, donde la gente vivía una vida sencilla pero idílica. También llevaron a casa un manto hecho con el cáñamo de la planta del maguey, un regalo de la diosa para su sol Huitzilopochtli.

Los hechiceros viajaron a casa y relataron todo lo sucedido a Moctezuma. El emperador rompió a llorar cuando se enteró de la inminente caída de su imperio. Llevó el manto de fibra de maguey al templo de Huitzilopochtli. Consultó temeroso con sus astrólogos, profetas y con las crónicas antiguas para identificar a los extranjeros que un día vendrían a conquistarlos.

En su relato de los orígenes y la historia de los aztecas, fray Diego Durán afirmó tres veces que copió *directamente de la propia historia escrita de los aztecas* como fuente primaria. El documento fuente azteca, llamado *Crónica X*, se ha perdido, pero sirvió como recurso para otras historias en lengua española.

Podemos ver que la cosmología de los aztecas afectaba a sus creencias sobre su papel en la guerra y el sacrificio. Una vida después de la muerte en el paraíso oriental del sol para los guerreros caídos y las víctimas sacrificadas animaría a los soldados cuando fueran a librar batallas. Probablemente hizo que los aztecas (y sus víctimas sacrificadas) se sintieran mejor con todos los sacrificios humanos que debían ofrecer. Las profecías de Huitzilopochtli reforzaban su mandato como conquistadores de las tierras circundantes.

Pero la profecía también incluía funestas noticias sobre su destino futuro: un día serían derrotados por los conquistadores extranjeros y su dios Huitzilopochtli volaría lejos de ellos y regresaría a Aztlán y a su madre. Una profecía similar le había sido dada a Moctezuma I por Nezahualcóyotl, rey de Texcoco. Moctezuma II había recibido una profecía del hijo de Nezahualcóyotl, Nezahualpilli, según la cual los extranjeros vencerían al imperio. Quizá por eso Moctezuma II, bisnieto de Moctezuma I, optó por no enfrentarse a los conquistadores españoles en una batalla sin cuartel, sometiéndose con fatalismo a las profecías.

Conclusión

Antes de que los aztecas se convirtieran en un poderoso imperio, llevaban una vida sencilla y sin pretensiones en algún lugar del noroeste del valle de México. Ya fuera como pescadores y agricultores en la idílica isla de Aztlán o simplemente como cazadores y recolectores chichimecas, probablemente no intuían el destino que un día les depararía.

Sin la rueda y sin un alfabeto completamente desarrollado, emergieron de sus humildes comienzos para construir una ciudad altamente organizada de 200.000 personas en una isla pantanosa, la ciudad más grande de América y una de las más grandes del mundo en aquella época. Construyeron enormes templos y pirámides, y conquistaron y gobernaron un área de 80.000 millas cuadradas con hasta seis millones de personas.

Grandes civilizaciones habían surgido y caído antes de que estos nómadas errantes se adentraran en el centro de México. Estas civilizaciones influyeron en los aztecas, maestros de la asimilación y la adaptación, y así los aztecas se convirtieron en preservadores de estas culturas excepcionales. Los olmecas construyeron las primeras verdaderas ciudades, las primeras pirámides de Mesoamérica y tallaron cabezas colosales de 11 pies de altura y varias toneladas de peso, las cuales, de alguna manera, transportaban 80 kilómetros hasta sus ciudades. La cultura de transición de los epiolmecas desarrolló un sofisticado calendario y un sistema de escritura al menos a partir del año 32 a. e. c.

A continuación, la poderosa civilización tolteca, admirada y emulada por los aztecas, alcanzó la preeminencia desde sus orígenes chichimecas de habla náhuatl. Los feroces guerreros toltecas extendieron su imperio desde el Pacífico hasta el golfo, invadiendo la península de Yucatán mientras difundían el culto a Quetzalcóatl. Construyeron las asombrosas columnas Atlantes de Tula, de 4,5 metros de altura, para sostener sus enormes pórticos, y sus afamados artesanos produjeron hermosas tallas, obras de arte y joyas.

Una fuerza desconocida empujó a los mexicas y a las demás tribus aztecas a abandonar su dichosa tierra natal de Aztlán: tal vez un desastre natural, tal vez una lucha interna o tal vez la dominación de otra cultura. Durante más de 100 años, vagaron por una tierra que se les había vuelto en contra —desiertos de espinas, rocas afiladas, serpientes y lagartos venenosos— hasta que llegaron al fértil valle de México. Allí se encontraron con sus parientes de Aztlán, pero sus compatriotas aztecas se mostraron poco hospitalarios y reacios a competir por la tierra, los recursos y el poder por los que luchaban.

Mientras se escondían entre los juncos del ejército colhua, recibieron una profecía de su dios colibrí, Huitzilopochtli: por la mañana, debían buscar entre los juncos un cactus espinoso sobre el que se posaría un águila. Allí construirían su ciudad, Tenochtitlan, y luego conquistarían a sus enemigos circundantes, a todos, uno por uno. Tras años de vagar, luchar contra los elementos y por sobrevivir, encontraron el águila en el cactus, en una isla del lago. Tenían un lugar al que llamar hogar. La siguiente parte de la profecía consistía en una larga campaña militar de subyugación de provincias y ciudades.

Primero tuvieron que construir su ciudad, formar importantes alianzas y ganar fuerza. Finalmente, llegaron al punto en que formaron una coalición con otras ciudades-estado víctimas de las despóticas exigencias de sus señores, la ciudad-estado tepaneca de Azcapotzalco. Tras derrocar a Azcapotzalco, las tres tribus aztecas —los mexicas de Tenochtitlan, los acolhuas de Texcoco y los tepanecas de Tlacopan— formaron la Triple Alianza. Esta se convirtió en el Imperio azteca, con una identidad propia como pueblo elegido llamado por el dios Huitzilopochtli para conquistar y gobernar otras tierras.

Durante casi 200 años, el extraordinario Imperio azteca gobernó el valle de México, expandiéndose hasta dominar una parte sustancial de Mesoamérica. Desarrollaron una civilización famosa por sus conquistas militares, sus amplios intercambios comerciales, su fascinante cultura y sus sofisticados esfuerzos agrícolas. Florecieron como una intrincada organización religiosa, política, social y comercial de más de 500 ciudades-estado.

Su caída se debió no solo a la superior tecnología militar de los españoles (caballería, ballestas, cañones), sino también al malestar entre las culturas tributarias y a las continuas guerras con civilizaciones no aztecas en las afueras de su civilización. Sus provincias tributarias estaban descontentas por los elevados pagos de tributos con escasos beneficios. Sus propias ciudades-estado y los rivales aztecas de Tlaxcala lamentaban que sus hijos fueran tomados como esclavos y sacrificados. Los aztecas no aprendieron de su propia historia: la razón por la que formaron una alianza para derrocar al Imperio azcapotzalco fue la crueldad y las exigencias despóticas de los tepanecas. Ahora, los tlaxcaltecas echaron su suerte con los españoles, e incluso los cholultecas y otros aliados les traicionaron, formando un ejército de 150.00 indígenas que marchó contra el Imperio azteca con los conquistadores.

Un antiguo proverbio dice: «Conoce bien la condición de tus rebaños, y presta atención a tu ganado». El estilo de liderazgo azteca generaba animadversión y resentimiento, lo que influía en el alejamiento de sus rebaños. Gobernaban con dureza sus provincias mediante el terror, en lugar de una colaboración más armoniosa, como hacían los purépecha-tarascos. El liderazgo es administración; es prepararse activamente para la vitalidad futura de la propia organización, comunidad o nación. Es ahí donde fracasaron los aztecas.

Los aztecas atacaron y antagonizaron constantemente a sus enemigos invictos, los tlaxcaltecas, creando un odio mortal que volvió para atormentarlos. En nuestra sociedad y en nuestro mundo de hoy, es mejor negociar una tregua con nuestros adversarios más intransigentes porque un día podríamos necesitarlos como aliados. El antagonismo es contraproducente para cualquier empresa y ha condenado a muchos líderes, incluso en la actualidad.

¿Han influido e inspirado los aztecas a los actuales ciudadanos de México y Centroamérica? Sí. La economía azteca ayudó a dar forma a la estructura económica de la actual Ciudad de México. La ciudad de Tenochtitlan contaba con varios gremios de hábiles artesanos, pero carecía de materias primas. Así, los aztecas crearon un intercambio económico de materias primas, capital y bienes a través del tributo, el comercio local y a larga distancia, y las transacciones mercantiles, que influyeron en los métodos de comercio de la actual Ciudad de México.

Ulama[106]

Gran parte de la cultura cotidiana de los aztecas impregna la cultura de México y Centroamérica, e incluso la de Estados Unidos. Los mexicanos siguen teniendo una dieta basada en los alimentos básicos de los aztecas: maíz, judías, tortillas, tomates, guacamole y chiles, que se disfrutan no solo en el México actual, sino también en toda Norteamérica. Y no olvidemos el chocolate, ¡amado en todo el mundo! El ulama era el juego de pelota favorito de los aztecas. Este juego se sigue practicando hoy en día en toda Mesoamérica. El ulama tiene algunas similitudes con el deporte favorito de México, el fútbol, lo que enciende una gran pasión en las comunidades y como nación.

---

[106] Fotógrafo: Manuel Aguilar-Moreno / CSULA Ulama Project, CC BY 2.5 <https://creativecommons.org/licenses/by/2.5>, vía Wikimedia Commons
https://commons.wikimedia.org/wiki/File:Ulama_37_(Aguilar).jpg

Mujeres indígenas en Cuetzalan, Puebla, México, vistiendo huipiles. La mujer de la izquierda lleva sandalias huaraches[107]

La vestimenta en Centroamérica y México tiene su origen en la cultura azteca. El *cactli* y las sandalias *huaraches* que usaba la nobleza han perdurado como calzado común e incluso como declaración de moda en México, Centroamérica e incluso en todo el mundo. La ropa holgada *huipil* (o *huanengo*) de las damas aztecas sigue siendo la prenda favorita de las mujeres indígenas de México y Centroamérica.

La música tradicional, las danzas y las obras de arte aztecas se exhiben en importantes festivales. La lengua náhuatl ha sobrevivido, y 1,7 pueblos indígenas de México hablan dialectos de la antigua lengua, sobre todo en las zonas rurales que rodean Ciudad de México. Un tercio de los nahuas solo hablan la lengua nahua y no el español. Los nahuas, emparentados étnicamente con aztecas y toltecas, son el mayor grupo indígena de México y también viven en El Salvador, Honduras y Nicaragua.

---

[107] Santi LLobet, CC BY 2.0 <https://creativecommons.org/licenses/by/2.0>, vía Wikimedia Commons https://commons.wikimedia.org/wiki/File:Indigenous_women_market.jpg

Danza/ritual azteca en el parque Juana de Asbaje de Tlalpan, Ciudad de México[108]

Un interesante vestigio de la sociedad azteca fue la *pepenilia*, o recolectores callejeros. Los habitantes de Tenochtitlan estaban comprometidos con la limpieza, y los *pepenilia* se encargaban de recuperar los objetos reciclables. Hoy en día, la Ciudad de México cuenta con tropas de pepenadores que recorren las calles en busca de objetos que puedan recolectar. La palabra «pepenador» procede del náhuatl, que significa elegir o seleccionar.

Los aztecas alcanzaron (o mejoraron) muchos logros en materia de civilización de forma simultánea pero independiente de logros similares en Europa, África y Asia. Utilizaron la forma *chinampas* de agricultura, un calendario de 365 días y notables pirámides escalonadas. Aplicaron una planificación urbana avanzada y construyeron acueductos para obtener agua potable en Tenochtitlan. Tenían un fuerte sentido del orden y utilizaban un sistema de méritos que recompensaba el trabajo duro y la innovación. La educación era obligatoria para todos los adolescentes, independientemente de su clase o sexo. Tenían un sistema de justicia muy desarrollado, y la nobleza, a la que consideraban un modelo a seguir, era castigada más estrictamente que los plebeyos.

Tenían un sistema numérico y utilizaban la multiplicación, la división y la geometría en su comercio, en su impresionante arquitectura y en la

---

[108] AlejandroLinaresGarcia, CC BY-SA 3.0 <https://creativecommons.org/licenses/by-sa/3.0>, vía Wikimedia Commons https://commons.wikimedia.org/wiki/File:AztecDanceRitual.Asbaje08.jpg

artesanía. Utilizaban algoritmos para calcular áreas. Sin conocer el tamaño de la Tierra, calculaban cuándo se producirían los eclipses. Conservaban documentos organizados y detallados de los pagos de tributos y las transacciones comerciales.

Cuando los españoles entraron en Tenochtitlan, quedaron impresionados por su tamaño y su orden. Comentaron sobre la limpieza de la gente y las calles inmaculadas de la gran ciudad. Recuerde que era una ciudad de 200.000 habitantes, construida sobre el agua. Dependían de los peces, las ranas, los patos y otros animales acuáticos para alimentarse, por lo que, si contaminaban el agua, podrían perder una valiosa fuente de alimento. Contaban con un extraordinario sistema de gestión de residuos para mantener el lago de Texcoco y su ciudad razonablemente limpios.

Los excrementos humanos y los residuos orgánicos se reciclaban como abono para las chinampas. La orina se reciclaba como fijador para teñir telas. Por la noche, las zonas públicas se iluminaban con basura incinerable, que también proporcionaba combustible para cocinar y calentar las casas. Arrojar basura o desechos humanos en las calles estaba penado por la ley. Comprendían la importancia de los árboles; talar uno sin permiso podía acarrear la pena de muerte. Reciclaban todo lo que podían en una cultura que hacía un uso eficiente de los recursos y minimizaba los residuos, lo que sirve de modelo para las ciudades actuales.

Los aztecas estaban conectados cultural y mentalmente con otras grandes civilizaciones mesoamericanas —como los mayas, los toltecas y los olmecas— por la gran importancia que su religión y sus dioses tenían en sus vidas. Todos eran politeístas y compartían varias deidades. Valoraban el trabajo duro, el culto y la guerra como sus mayores prioridades, lo que se refleja en su arquitectura, obras de arte, esculturas y pinturas.

El legado de los aztecas, y en concreto de la tribu mexica, perdura en el nombre del país y de la capital, México, y de sus habitantes. A la llegada de los españoles, las ciudades-estado mexicas de la Triple Alianza se llamaban México-Tenochtitlan. Tras la conquista española, llamaron *Ciudad de México* a la ciudad que construyeron sobre las ruinas de Tenochtitlan. Tras independizarse de España, el nombre oficial del país es *Estados Unidos Mexicanos*, pero es más común llamarlo México.

Bandera de México[109]

La bandera de México tiene su escudo de armas en el centro, el mismo diseño general que se ha utilizado desde la independencia de España en 1821. El escudo mexicano se basa en la pictografía azteca de Tenochtitlan, que representa un águila con una serpiente en la garra, posada sobre un nopal en una roca que surge de un lago.

¿Qué deducciones podemos extraer tras el auge y la caída del Imperio azteca? A la hora de sopesar la importancia de su historia en la sociedad contemporánea, podemos considerar sus puntos fuertes y sus puntos débiles. Una de las claves de su éxito fue su astucia para formar alianzas brillantes. Esta habilidad puede ponerse en práctica en las organizaciones, la economía y la política actuales. A los aztecas también les impulsaba la visión: un fuerte sentido de quiénes eran y qué debían hacer. Una identidad propia sólida y la comprensión de un destino definido impulsarán a individuos, empresas y naciones hacia la grandeza. Un tercer punto fuerte era su voluntad de aprender de otras culturas, absorbiendo sus tecnologías, artesanía y conocimientos. Cuando estamos dispuestos a aprender de otras personas y otras culturas, eso nos abre puertas, nos mantiene relevantes y aumenta nuestra capacidad de adaptación y nuestras posibilidades de éxito.

---

[109] https://commons.wikimedia.org/wiki/File:Flag_of_Mexico.jpg

Vea más libros escritos por Enthralling History

Bibliografía

Bellamy, Kate. "On the External Relations of Purepecha: An Investigation into Classification, Contact and Patterns of Word Formation". Doctoral Theses, University of Leiden, 2018, https://www.lotpublications.nl/Documents/498_fulltext.pdf.

Berdan, Frances. *Aztecs of Central Mexico: An Imperial Society.* Belmont, CA, USA: Cengage Learning, 28 de abril de 2004.

Bierhorst, John. *History and Mythology of the Aztecs: The Codex Chimalpopoca.* University of Arizona Press, 1 de junio de 1998.

Blanton, Richard. "Prehispanic Settlement Patterns of the Ixtapalapa Peninsula Region, Mexico". PhD diss., University of Michigan, 1970.

Blanton, Richard. "Prehispanic Adaptation in the Ixtapalapa Region, Mexico". *Science,* 175 (4028) (1972):1317-26.

Burkhart, Louise M. "The Solar Christ in Nahuatl Doctrinal Texts of Early Colonial Mexico". *Ethnohistory,* 35, no. 3 (1988): 234-56. Consultado el 10 de junio de 2021. doi:10.2307/481801.

Carrasco, Pedro. *The Tenochca Empire of Ancient Mexico: The Triple Alliance of Tenochtitlan, Tetzcoco, and Tlacopan.* University of Oklahoma Press, 1 de marzo de 2011.

Clendinnen, Inga. *Aztecs: An Interpretation.* Cambridge University Press, July 28, 2014.

Coe, Michael D., Javier Urcid, Rex Koontz. *Mexico: From the Olmecs to the Aztecs.* Thames & Hudson, 17 de septiembre de 2019.

Colston, Stephen A. "'No Longer Will There Be a Mexico:' Omens, Prophecies, and the Conquest of the Aztec Empire". *American Indian Quarterly,* 9, no. 3 (1985): 239-58. Consultado el 1 de junio de 2021.

doi:10.2307/1183828.

Cortés, Hernán. *Cartas y Relaciones de* Hernán *Cortés al Emperador Carlos V.* Edited by Pascual de Gayangos. Paris: A. Chaix, 1866. Microfilm.

Cruz, Isabel De La, Angélica González-Oliver, Brian M. Kemp, Juan A. Román, David Glenn Smith, and Alfonso Torre-Blanco. "Sex Identification of Children Sacrificed to the Ancient Aztec Rain Gods in Tlatelolco". *Current Anthropology* 49, no. 3 (2008): 519-26 Consultado el 10 de junio de 2021. doi:10.1086/587642.

Dewan, Leslie and Hosler, Dorothy. "Ancient Maritime Trade on Balsa Rafts: An Engineering Analysis". *Journal of Archaeological Research*, Vol. 64 (2008): 19-36.

Elzey, Wayne. "A Hill on a Land Surrounded by Water: An Aztec Story of Origin and Destiny". *History of Religions*, 31, no. 2 (1991):105-49. Consultado el 16 de junio de 2021. http://www.jstor.org/stable/1063021.

Hosler, Dorothy. "West Mexican Metallurgy: South and Central American Origins and West Mexican Transformations". *American Anthropologist*, Vol. 90, No. 4 (1988): 832-843.

Ioannidis, Alexander G., Javier Blanco-Portillo, and Andres Moreno-Estrada. "Native American Gene Flow into Polynesia Predating Easter Island Settlement". *Nature*, Vol. 583 (2020): 572-77.

Levy, Buddy. *Conquistador: Hernan Cortes, King Montezuma, and the Last Stand of the Aztecs.* New York: Bantam, 28 de julio de 2009.

Lockhart, James. *The Nahuas after the Conquest: A Social and Cultural History of the Indians of Central Mexico, Sixteenth Through Eighteenth Centuries.* Stanford University Press, 1 de septiembre de1994.

Matthew, Laura E., Michel R. Oudijk. *Indian Conquistadors: Indigenous Allies in the Conquest of Mesoamerica.* University of Oklahoma Press, 22 de octubre de 2012.

Miller, Mary Ellen. *The Art of Mesoamerica: From Olmec to Aztec (World of Art).*Thames & Hudson, 11 de junio de 2019.

Pohl, John, Adam Hook. *Aztecs and Conquistadores: The Spanish Invasion and the Collapse of the Aztec Empire.* Osprey Publishing, 10 de octubre de 2005.

Powis TG, A. Cyphers, N. W. Gaikwad, L. Grivetti, and K. Cheong. "Cacao Use and the San Lorenzo Olmec". *Proceedings of the National Academy of Sciences,* 108(21)(2011): 8595-600.

Smith, Michael E. *The Aztecs, 3rd Edition.* Wiley.com, 27 de diciembre de 2011.

Strawn, Susan M., "Hand Spinning and Cotton in the Aztec Empire, as Revealed by the Codex Mendoza". *Textile Society of America Symposium Proceedings*. 5 (2002).

Thomas, Hugh. *Conquest: Cortes, Montezuma, and the Fall of Old Mexico*. Simon & Schuster, 7 de abril de 1995.

Valentini, Philipp J. T. "The Olmecas and the Tultecas: A Study in Early Mexican Ethnology and History". *American Antiquarian Society*, (Octubre 1882): pp. 209-30, https://www.americanantiquarian.org/proceedings/48003300.pdf.

www.ingramcontent.com/pod-product-compliance
Lightning Source LLC
Chambersburg PA
CBHW070327010526
44107CB00004B/440